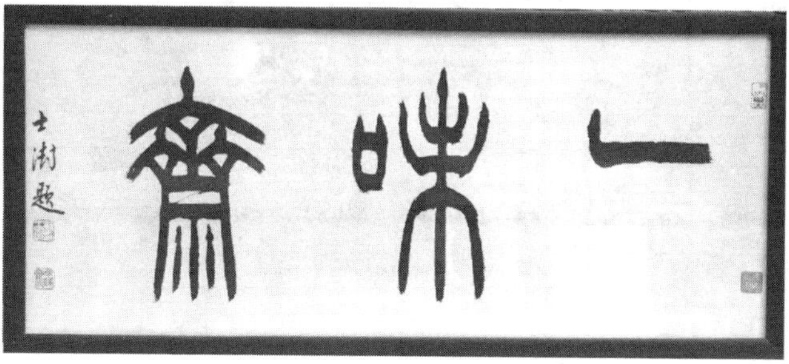

中国书法家协会主席苏士澍题写匾额“一味斋”

著名茶寿老茶人张天福为熊光楷及夫人寿瑞莉题写匾额“茶书一味”

（张天福，生于1910年8月，是我国著名茶学家、制茶和审评专家，曾被评为我国十大茶叶专家之一，殁于2017年6月，享寿108岁）

副刊文丛 一 主编 李辉 王刘纯

一味斋书话

熊光楷 著

大象出版社
·郑州·
中原出版传媒集团
中原传媒股份公司

图书在版编目(CIP)数据

一味斋书话 / 熊光楷著.— 郑州 ：大象出版社，
2018. 6
(副刊文丛 / 李辉，王刘纯主编)
ISBN 978-7-5347-9614-2

Ⅰ. ①一…　Ⅱ. ①熊…　Ⅲ. ①私人收藏—中国—文集
Ⅳ. ①G262-53

中国版本图书馆 CIP 数据核字(2017)第 319386 号

一味斋书话

YIWEIZHAI SHUHUA

熊光楷　著

出 版 人　王刘纯
项目统筹　李光洁　成　艳
责任编辑　贠晓娜
责任校对　倪玉秀
封面设计　段　旭
内文设计　杜晓燕

出版发行　大象出版社(郑州市开元路 16 号　邮政编码 450044)
发行科　0371-63863551　总编室　0371-65597936
网　　址　www.daxiang.cn
印　　刷　北京汇林印务有限公司
经　　销　各地新华书店经销
开　　本　787mm×1092mm　1/32
印　　张　8.25
版　　次　2018 年 6 月第 1 版　2018 年 6 月第 1 次印刷
定　　价　36.00 元
若发现印、装质量问题，影响阅读，请与承印厂联系调换。
印厂地址　北京市大兴区黄村镇南六环磁各庄立交桥南 200 米(中轴路东侧)
邮政编码　102600　　　电话　010-61264834

“副刊文丛”总序

李　辉

设想编一套“副刊文丛”的念头由来已久。

中文报纸副刊历史可谓悠久，迄今已有百年。副刊为中文报纸的一大特色。自近代中国报纸诞生之后，几乎所有报纸都有不同类型、不同风格的副刊。在出版业尚不发达之际，精彩纷呈的副刊版面，几乎成为作者与读者之间最为便利的交流平台。百年间，副刊上发表过多少重要作品，培养过多少作家，若要认真统计，颇为不易。

“五四新文学”兴起，报纸副刊一时间成为重要作家与重要作品率先亮相的舞台，从鲁迅的小说《阿Q正传》、郭沫若的诗歌《女神》，到巴金的小说《家》等均是在北京、上海的报纸副刊上发表，从而产生广泛影响的。随着各类出版社雨后春笋般出现，杂志、书籍与报纸副刊渐次形成三足鼎立的局面，但是，不同区域或大小城市，都有不同类型的报纸副刊，因而形成不同层面的读者群，在与读者建立直接和广泛的联系方面，多年来报纸副刊一直占据优势。近些年，随着电视、网络等新兴媒体的崛起，报纸副刊的优势以及影响力开始减弱，长期以来副刊作为阵地培养作家的方式，也随之隐退，风光不再。

尽管如此，就报纸而言，副刊依旧具有稳定性，所刊文章更注重深度而非时效性。在新闻爆炸性滚动播出的当下，报纸的所谓新闻效应早已滞后，无法与昔日同日而语。在我看来，唯有副刊之类的版面，侧重于独家深度文章，侧重于作者不同角度的发现，才能与其他媒体相抗衡。或者说，只有副刊版面发表的不太注重新闻时效的文章，才足以让读者静下心，选择合适时间品茗细读，与之达到心领神会的交融。这或许才是一份报纸在新闻之外能够带给读者的最佳阅读体验。

1982 年自复旦大学毕业，我进入报社，先是编辑《北京晚报》副刊《五色土》，后是编辑《人民日报》副刊《大地》，长达三十四年的光阴，几乎都是在编辑副刊。除了编辑副刊，我还在《中国青年报》《新民晚报》《南方周末》等的副刊上，开设了多年个人专栏。副刊与我，可谓不离不弃。编辑副刊三十余年，有幸与不少前辈文人交往，而他们中间的不少人，都曾编辑过副刊，如夏衍、沈从文、萧乾、刘北汜、吴祖光、郁风、柯灵、黄裳、袁鹰、姜德明等。在不同时期的这些前辈编辑那里，我感受着百年之间中国报纸副刊的斑斓景象与编辑情怀。

行将退休，编辑一套“副刊文丛”的想法愈加强烈。尽管面临新媒体的挑战，不少报纸副刊如今仍以其稳定性、原创性、丰富性等特点，坚守着文化品位和文化传承。一大批副刊编辑，不急不躁，沉着坚韧，以各自的才华和眼光，既编辑好不同精品专栏，又笔耕不辍，佳作迭出。鉴于此，我觉得有必要将中国各地报纸副刊的作品，以不同编辑方式予以整合，集中呈现，使纸媒副刊作品，在与新媒体的博弈中，以出版物的形式，留存历史，留存文化，便于日后人们借这套丛书领略中文报纸副刊（包括海外）曾经拥有过的丰富景象。

“副刊文丛”设想以两种类型出版，每年大约出版二十种。

第一类：精品栏目荟萃。约请各地中文报纸副刊，挑选精品专栏若干编选，涵盖文化、人物、历史、美术、收藏等领域。

第二类：个人作品精选。副刊编辑、在副刊开设个人专栏的作者，人才济济，各有专长，可从中挑选若干，编辑个人作品集。

初步计划先从20世纪80年代开始编选，然后，再往前延伸，直到“五四新文学”时期。如能坚持多年，相信能大致呈现中国报纸副刊的重要成果。

将这一想法与大象出版社社长王刘纯兄沟通，得到王兄的大力支持。如此大规模的一套“副刊文丛”，只有得到大象出版社各位同人的鼎力相助，构想才有一个落地的坚实平台。与大象出版社合作二十年，友情笃深，感谢历届社长和编辑们对我的支持，一直感觉自己仿佛早已是他们中间的一员。

在开始编选“副刊文丛”过程中，得到不少前辈与友人的支持。感谢王刘纯兄应允与我一起担任丛书主编，感谢袁鹰、姜德明两位副刊前辈同意出任“副刊文丛”的顾问，感谢姜德明先生为我编选的《副刊面面观》一书写序……

特别感谢所有来自海内外参与这套丛书的作者与朋友，没有你们的大力支持，构想不可能落地。

期待“副刊文丛”能够得到副刊编辑和读者的认可。期待更多朋友参与其中。期待“副刊文丛”能够坚持下去，真正成为一套文化积累的丛书，延续中文报纸副刊的历史脉络。

我们一起共同努力吧！

2016 年 7 月 10 日，写于北京酷热中

目 录

第二辑　政坛篇

第三辑　文苑篇

第四辑　海外篇

第五辑　心得篇

一味斋里的故事

李　辉

结识熊光楷先生，源自藏书。

他的《藏书·记事·忆人》系列，书、节目单、邮票、画册、签名封等，不同类型的藏品，在他笔下铺展开来。他在自序中写道：“购书、索书、读书、藏书，像蚂蚁一样辛苦，像蜜蜂一样勤劳，既是为了书，更是为了人。书不仅是知识，而且还是媒介。检点自己的藏书，仿佛是与人类的众多精英分子进行跨时空的精神交流，又仿佛是与我的众多朋友倾心交谈，互通款曲。”此话甚好。

藏书与人，其实就是一种心领神会的默契。藏书者，在自己的一味斋里静静品书，字里行间，不时与作者心有灵犀，就读书和藏书而言，足矣。

几年前，恩师贾植芳先生的诸多藏书，从上海复旦大学千里迢迢走进远在甘肃张掖市的河西学院。从此，先生融于河西学院，成为校园里一道风景。我们这些弟子，仿佛与他的书和精神相伴，也融于其中。2016年7月初，贾植芳先生百年诞辰纪念活动在河西学院举行，来自海内外的学者和贾植芳先生的弟子们，会聚张掖，缅怀先生，研讨文学话题。于是，我们想到，何不设立一个“贾植芳讲堂”，每年约请不同领域的学者、作家、艺术家等，前来河西学院演讲。用他们不同的创作体会与研究思路，为河西学院的学生们提供不一样的知识天地，以拓宽他们的视野，也让课堂的教育走进更广阔的领域。

2016年10月初，我邀请熊光楷先生和马未都先生前往甘肃张掖河西学院的“贾植芳讲堂”演讲。在演讲中，熊先生谈了诸多有趣的签名书故事。

让人难忘的是霍金（Stephen Hawking）的签名过程。霍金不能写字，熊先生居然也能如愿以偿：

> 我收藏霍金签名书的经历也很有趣。我们知道，霍金是不能写字的，因为他是一个肌肉已经僵硬的人。霍金两次到中国来讲课，我都去听了。我的一个目的，就是要得到他签名的书。最后我得到了一本盖着他的手指印的《时间简史》。可见，外国人跟中国人一样，可以用手印作为身份的证明。这和印章是一个道理。印章是刻在石头上的，如果用高分辨率的放大镜把印章放大的话，每一个印章的刻痕都不一样，不好复制，所以印章很难伪造。手印上的指纹更不好伪造了。签名、印章、手印都不好伪造，都具有证明身份的功能，都同等有效。霍金留在我收藏的《时间简史》上的，就是他右手大拇指的指印。

一味斋里的诸多故事，如今都会在“副刊文丛”中的这本《一味斋书话》里娓娓道来。

熊先生出生于上海，书香门第人家。他说自己出生于教书匠家庭，祖孙三代都是教书的。祖父、外祖父是教书的。祖父在上海的大学（现在的上海财经大学）教财经。外祖父在清华学堂教国文。父亲任上海交通大学教授，哥哥是清华大学教授。他退出现役后，兼了八九个大学的兼职教授。在河西学院演讲之前，河西学院也聘请他为兼职教授。爱收藏、爱读书的人，又一次融于教育。

熊先生的小学、中学都在上海。上海得天独厚的条件，让他们这些学生，早早得到了文学艺术的熏陶。而这些是远在县城及乡下的学生，无法企及的。他这样回忆少年时代的生活：

记得上小学时，我就觉得表演与演出是一件非常神奇的事情。那时，为了看一部好电影，往往要花几个小时去排队买票。走在上海街头，经常会有人指着一幢幢楼房告诉我说，赵丹家住这座楼，秦怡家住那座楼。我的小学同学郑大畏就甚是令人羡慕，他是著名导演郑君里的孩子，曾在电影片中出现。到中学时，我所在的上海市延安中学很注重培养学生“德智体美”的全面发展，文艺戏剧演出非常活跃，我和我的夫人，当时便都是合唱队的队员。

（《单薄中的厚重》）

正是这样一种艺术爱好，行走各地时，熊先生总是把许多节目单留存，有时甚至还请表演者签名。这样一些看似简单的节目单，却由此多了文化韵味。他说的这句话，颇有意思：“签名节目单固化的是表演艺术家的一咏一叹、一曲绕梁、一剧动心，是他们活生生的艺术实践活动留下的痕迹。”我在20世纪80年代初，也曾保留过一些话剧和音乐会的节目单，遗憾的是，居然没有想到请音乐家、编剧签名。幸好前几年，找到北京人艺公演的高行健话剧《绝对信号》《野人》等节目单，导演是林兆华，终于请他签名，了却心愿。

一味斋的故事很多，写到的许多人，我大多都认识。如巴金、曹靖华、金庸、周有光、季羡林、秦怡、田华等。

在写曾任上海市市长的汪道涵的文章中，熊先生用不少篇幅，叙述他得到巴金签名的故事。故事很温暖，过程也十分精彩：

我能收藏到巴金的签名书，就得益于汪老的好人缘和好书缘。

有一年，我到上海出差，在看望汪老的时候，专门带了一本巴金的《春》。在和汪老谈完公事之后，我拿出这本《春》说："汪老，巴金老人因病住在医院，想得到他的签名很不容易，我想来想去，只能拜托您了。巴金最著名的作品，是他的'激流三部曲'，包括《家》《春》《秋》。

这三本书，我都买了，都想请巴老签名。但因为他年事已高，过度烦劳他，于心不忍，所以巴老如果能签其中的一本，我就心满意足了。‘激流三部曲’中，‘家’太小了，‘秋’太老了。所以，我想请巴老在这本《春》上签名。”

当然，我所说的“家”太小，只是单纯地就字论字，而不是指巴金的小说《家》影响小。实际上，“激流三部曲”中传播最广、影响最大、最广为人知的就是《家》。同样，“秋”太老，也不是说小说《秋》老气横秋，而是说“秋”作为一个季节，使人产生迟暮的寒意。

听了我对“激流三部曲”“强词夺理”的解释，汪老温厚地笑了。“你把书放在这儿吧，我会想办法的。”汪老说。

委托汪老，是正确的选择。不久，我就收到了巴金的签名书。令我惊喜的是，巴金不但在《春》上签了名，在《家》和《秋》上也签了名。我只把《春》给了汪老，巴金怎么会在《家》和《秋》

上也签了名呢？原来，汪老想让事情做得更圆满一下，就自己掏钱，另给我买了一套“激流三部曲”。而且我交给汪老的《春》是简装本，而汪老自己掏钱买的“激流三部曲”却是精装的。

这令我更加感动，更感温暖。

（《德高望重的长者，博览群书的智者》）

巧的是，就读于复旦大学期间，我与陈思和二人在贾先生指导下开始研究巴金，马上就到四十年。巴金对我们而言，一本《随想录》所倡导的“说真话”“独立思考”，一直激励我们前行。读这篇文章，才体会到汪道涵与巴金之间的深厚友情。

记得 20 世纪 90 年代，我常去上海看望王元化先生。退休的汪道涵、王元化，虽然是领导，却更是文化人。如果我没有记错的话，他们二位似乎都是上海图书馆的顾问，在衡山宾馆各安排了一个房间，作为他们的阅读、写作之所。为大象出版社做的第一本对话录《世纪之问》，与王元化关于“五四运动”的对话，就是在衡山宾馆顶层的房间进行的。转眼间，二十年过去了。

2011 年秋分将近，熊先生打来电话，约请藏书家姜德明先生、莫言、我等几个人相聚。聚会时，他带来一大批书，陈列于桌上，任我们慢慢翻阅。

与莫言多时不见，听说他前来，我特意带去他的第一本小说集《透明的红萝卜》。这本书出版于 1986 年，列入作家出版社“文学新星丛书”的第一辑。

第一辑共五种，我一直留在身边。分别是阿城的《棋王》、王兆军的《蝌蚪与龙》、莫言的《透明的红萝卜》、刘索拉的《你别无选择》、何立伟的《小城无故事》。王兆军是我大学同学，与莫言一样也是山东人。莫言是高密人，王兆军是临沂人。

我把书交给莫言，请他题跋。没有想到，他琢磨一下，很快写了一首打油诗，题写于书上：

有胆有识气纵横，
钩沉探微建奇功。

心中一轮清秋月，

书生亦敢擒大虫。

辛卯秋分将近

为李辉兄题

莫言

如果没有这次聚会，当然就不会有莫言的这首写在他的《透明的红萝卜》之上的打油诗。

喜欢藏书的人，缘分就是这样美妙。

漫读《一味斋书话》，没有想到，引发出这样一些话题。

完稿于2017年7月18日，北京看云斋

第一辑

自序篇

藏书助我颐养深情

我爱好收藏。我爱好收藏的，不是奇珍异宝、古董字画，而是签名书。古今中外的签名书都在我收藏之列。有时候，斯人远去，收藏签名书有困难，我也以收藏盖章书为乐。古人写信，见字如晤；古人掌军，见印如令。通过这些签名盖章书的收藏，我和这些作者们也如同可以会面，可以交谈，可以聆听他们在书中的叙说。

我对签名书的收藏，缘起于《邓小平文选》（第三卷）。《邓小平文选》（第三卷）出版于1993年10月。1994年，邓榕送给我一本精装的《邓小平文选》（第三卷），在书前印着“全世界无产者，联合起来！”的那一页，留有邓小平同志的亲笔签名，落款时间是1994年。邓小平同志诞生于1904年8月22日，1994年恰好是邓小平同志90寿辰。能在邓小平同志90寿辰之际得到他的亲笔签名书，我深感荣幸。

正是由于这本《邓小平文选》（第三卷）的特殊意义，所以1994年虽然距今已有十几个年头，我还能清晰记得那一天的激动与振奋之情。当我翻开熟悉的亮黄色封面，邓小平同志的签名立即跃入眼帘。笔迹清晰光亮，犹如新写出来一般；笔锋劲峭有力，秀拔刚硬，简约中透着力度，全然不似出自一位90高龄的老人之手。真是字如其人，毛主席评价邓小平同志“柔中有刚，绵里藏针”，邓小平同志的签名，就是这种鲜明性格特征的生动体现。

邓榕赠送给我《邓小平文选》（第三卷）的时候，也许不会想到，这本书竟然打开了我生活的另一扇大门。在此之前，我也收藏过一些签名书，但都是零零星星的，也就几十本。从那以后，我开始一发不可收地系统收藏各类签名盖章书。到今天，我收藏的签名盖章书已超过2000册，作者更是遍及全球，有中外名人，也有师长亲友。

在这里，除了邓小平同志的签名书，我还要说说我收藏的毛泽东同志等几位领导人的签名盖章书。

走上签名书收藏之路后，我最想得到的是毛泽东同志的签名书，但这无疑是个奢望。现存于世的毛泽东手迹，大都珍藏于博物馆、档案馆中，即使有少量流入民间，也都被珍如拱璧地保存着，连目睹都很难，更别提纳入我的藏品行列了，但我仍心有不甘。

1998年4月，我因为工作关系到湖南韶山冲参观。在毛泽东同志纪念馆，我看到了一枚明黄色石料雕刻的龙钮大印，上面镌刻着“毛泽东”三字。这勾起了我梦寐以求的收藏念头。当时的湖南省省长杨正午同志陪同我们参观。我当即和杨正午同志商量，能否请纪念馆的工作人员在打开玻璃罩清理灰尘的时候，为我钤章留念。杨正午同志同意后，我又当即买了一本《毛泽东选集》四卷合订本，留了下来。

回京后不久，我收到了这本钤盖毛主席印章的《毛泽东选集》。纪念馆的同志还附来一信，说："这枚'毛泽东'印章，是我国著名的金石篆刻家邓散木先生为毛泽东同志精心刻制的。毛泽东同志对此印十分钟爱，并将其加盖在他特别喜爱的书籍上。"

这样，虽然我无缘得到毛泽东同志的亲笔签名书，但能有幸得到盖章书，也算了偿了夙愿。

由于工作关系，我还得到了多本江泽民同志的签名书。其中第一本是《江泽民论社会主义精神文明建设》（中央文献出版社，1999年8月）。那是1999年的盛夏，当时江泽民等中央领导同志正在北戴河办公。有一天，在江泽民同志接见并宴请我分管单位的科技人员后，我拿出一本刚刚出版的《江泽民论社会主义精神文明建设》，请他签名。当时，江泽民同志已经知道这本书出版了，但还没有见到，因此，我得到的应该是此书的第一本签名书。2006年8月，《江泽民文选》（全三卷）出版发行。8月10日，又是在北戴河，我请江泽民同志在三卷《江泽民文选》上一一签名留念。

对于江泽民同志能在百忙中仍然关照我收藏签名书的兴趣爱好，我一直深怀感激。2004年8月，我曾经有机会向江泽民同志展示并汇报我的部分收藏成果。江泽民同志看了之后，还专门题词“学习就是力量”予以鼓励。

早在收藏胡锦涛同志签名书之前，我就收藏有胡锦涛同志签名的创刊号《学习时报》。《学习时报》创刊于1999年9月17日，由中央党校编辑出版。创刊号的头版头条，刊登的是当时兼任中央党校校长的胡锦涛的发刊词《重视学习、善于学习》。2002年7月5日，我在陪同胡锦涛同志会见贝宁国防国务部长皮埃尔·奥绍（Pierre Osho）的时候，请胡锦涛同志在《学习时报》创刊号上签了名。

2003年7月1日，建党82周年之际，“三个代表”重要思想理论研讨会在北京召开，胡锦涛同志在开幕式上发表重要讲话，我在中南海怀仁堂聆听了讲话。之后，人民出版社出版了讲话单行本。7 月 20 日，在第十四次武官工作会议上，我请胡锦涛同志在这本单行本上签了名。这是我得到的第一本胡锦涛同志的签名书。

我收藏习近平同志的签名书也比较早。2007 年 9 月 18—20 日，我到上海交通大学讲课。20 日中午，我有机会见到了时任上海市委书记的习近平同志。当时，习近平同志从浙江调到上海工作不久，而在浙江，我也曾经与习近平同志见过面。此番重逢后不久，我有幸得到了习近平同志 2007 年 9 月 24 日签名的两本著作，即《之江新语》和《干在实处、走在前列》。

《之江新语》（浙江人民出版社，2007 年 8 月第一版）收录了习近平同志为《浙江日报》撰写的 232 篇短论。这些短论往往只有数百字，却反映了习近平同志坚持“从群众中来，到群众中去”的领导方法和工作方法，以及质朴的写作风格。《干在实处、走在前列》（中共中央党校出版社，2006 年 12 月第一版）

辑录了习近平同志担任浙江省委书记期间的重要报告、讲话、文章和批示。

人们常说："有一好，必有一累。"但我在收藏签名书的过程中，感受更多的是其中的无穷乐趣。乐此不疲，当然丝毫不觉其累了。

书不能凭空而来，或购，或索。每日读书看报，我都会仔细留心出版信息，遇到好书，立即设法购买。当然，朋友们的书，我还可以索要。索书有索书的技巧，可以托人，可以寻找机会与作者见面，也可以讲课等为"代价"，或以赠书为名"交换"。至今回想起来，历历在目，都是乐趣。

购书、索书必须读书。不读书，既对不起作者的伏案操劳，也对不起作者亲自签名的拳拳苦心。干任何事，强迫总不是好事，只有读书除外。像鲁迅先生海绵挤水一样挤出时间，强迫自己读书，实在是有百利而无一害。读书可以陶冶性情，可以扩大视野，可以提高修养，可以提升境界。读书之后再藏书，用书筑起黄金屋，胸中就有百万兵。因此，对于我这样一个从军半个多世纪的军人来说，藏书，就是为了藏兵。

书到用时方恨少，事非经过不知难。在浩瀚的世界大势中，一个人永远都只是浪花一朵，他的亲身经历永远都只是事情的一些侧面。要想比较全面地了解事情的来龙去脉，一个重要的渠道就是读书。手捧书卷，或者潜心研读，或者随意浏览，或者快速搜索，或者直取所需，我常常能够“撞”见自己曾经经历的往事。在一个人的记忆里，往事如烟，但在书本上，往事却是清清楚楚的白纸黑字。读书可以勾起我对许多事情的回忆，可以补充完善我对许多事情的认识，可以使我在回首往事的时候得到许多启示，从而启发我积极而主动地面向人生，面向未来。因此，藏书也是为了记事。

购书、索书、读书、藏书，像蚂蚁一样辛苦，像蜜蜂一样勤劳，既是为了书，更是为了人。书不仅是知识，而且还是媒介。检点自己的藏书，仿佛是与人类的众多精英分子进行跨时空的精神交流，又仿佛是与我的众多朋友倾心交谈，互通款曲。因为这些书，既使我想到那些名垂青史的革命前辈、开国元勋、外国政要、文学巨匠、科学泰斗、经济学大师，又使我想到那些曾经费心帮助我搜集签名书或者将他们收藏的签名书赠给我以成我之美的朋友。以书鉴人，以书会友，无论他们多么伟大还是多么平凡，都对指导我如何做人有帮助，对我学会如何看待人生有益处。因此，藏书还是为了忆人。

藏书、记事、忆人，对我来说，这已不仅是单纯的爱好，而是一种修养身心的方式。明代张岱曾经说过："人无癖不可与交，以其无深情也。"因此，藏书之癖，有助于我颐养深情。

（原为《藏书·记事·忆人》自序，原载于2008年1月13日《人民日报》第8版，亦载于《北京日报》《新民晚报》《中国纪检监察报》《新华文摘》等报刊。收入2014年《藏书·记事·忆人：节目单专辑》时做了部分增减）

金石文心

印章，作为一种身份证明，作为一种权力地位的标志和人际交往的信物，在世界上许多国家、许多民族的社会生活中都不可或缺。在东方，由于中国传统文化的影响，篆刻艺术相当普及，我因此收藏到了胡志明盖章书、村山富市盖章书等。在西方，我也收藏了用于封缄的英国苏格兰华莱士家族戒指印的印记等。但只有在中国，经过数千年的传承发展，特别是明清以后，众多文人艺术家广泛参与，亲力亲为，篆刻艺术出现了名家辈出的繁荣景象，达到了前所未有的艺术高峰。今天，篆刻艺术已经发展成为一门独具中国特色的综合艺术门类。

在我熟悉的领导同志中，李岚清对篆刻艺术的深刻理解广为人知。他在退出国家领导岗位后，矢志钻研并从事金石篆刻艺术活动。他的活动不仅对这门艺术起到了积极的推广普及作用，而且有力地激励了我的收藏爱好。特别是他应我之约，专门篆刻“藏书·记事·忆人”印章并加盖在赠送给我的《突围》上。这既是对我的很大鼓舞，也使这本《藏书·记事·忆人：印章专辑》大为增色生辉。

在李岚清同志出版的《原来篆刻这么有趣》一书的封面上，拓着一方印章“石言志”。他说，这方“石言志”印章，表达了他的这样一种思想，即篆刻是一门独特的艺术，具有特殊的文化功能。不仅可以用来健脑，训练脑、手、眼的精密协调配合，保持大脑的思维能力，延缓脑功能的退化，而且可以通过篆刻来言情、言事、言意，表达他的志趣、理念和情感。

的确，篆刻艺术之所以成为艺术，就在于它不仅是一门技能，而且是一种人类情感的表达，一种文化精神的传承。

联合国教科文组织规定的“非物质文化遗产”，是指“被各群体、团体，有时为个人视为其文化遗产的各种实践、表演、表现形式、知识体系和技能及有关的工具、实物、工艺品和文化场所”。篆刻艺术正是“实践、表演、表现形式、知识体系和技能”的综合体现。正因为如此，“金石篆刻”已由浙江杭州的西泠印社申报，成为2006年国务院公布的第一批国家级非物质文化遗产之一。

多年来，我在收藏签名书的同时，也收藏了大量的盖章书。与签名书不同，盖章书上的印章不但是作者本人的印迹，同时还包含着持赠者、篆刻家，甚至石材加工者、印钮雕刻师等许多人的心血。作为一门独立的艺术门类，篆刻艺术不仅表现为一方小小的朱红拓片，它还是石材、边款、印钮等多种艺术形式的综合，其中每种艺术形式都积淀了丰富的知识和深厚的历史传统，涉及文字学、书法、碑刻、雕塑，甚至考古学、化学等多种领域。

人们有时候也把印章称为“古文字博物馆”，把边款称为“微型碑林”，把印钮称为“缩微雕塑”，把各种各样的美丽印材当作珍贵的珠玉一样收藏赏玩。当这一切集中到一方小小的石材之上，在方寸之间分朱布白、斗艳争奇，怎能不让人赏心悦目，惊叹于艺术家的创造力与想象力！

单就印面文字而言，印出于文，最早的印章使用的是当时现实生活中使用的文字。后来，随着篆刻的艺术性提高，以及人们审美需求的变化，到隶书出现后，印章的入印文字逐渐与当时使用的文字分开，形成了以小篆为主的篆字，并衍生于摹印篆、缪篆、鸟虫书、九叠文等。近代以来，随着古代碑版、甲骨、金石铭文的大量出土，可以入印的文字更加丰富。再经过篆刻家的艺术再造，印虽出于文，而印文的艺术性已远远超出了文字本身。印面的文字已经成为寄托篆刻家情感、志向和审美趣味的重要载体。

近年来，篆刻艺术作为中国传统艺术的奇葩，在世界上也越来越引人注目，越来越为世界各国人民所喜爱。为我刻制“习武学文”印章的中国艺术研究院篆刻艺术院院长韩天衡，就曾经在2001年受命为出席APEC会议的20个国家和地区元首篆刻姓名章，由国家主席江泽民作为国礼赠送给各国（地区）领导人。2008年北京奥运会的会徽更使全世界认识到中国篆刻艺术的魅力，很多时候，人们甚至忘记了会徽的正式名称“舞动的北京”，而直接以“中国印”代称。

“……它是诚信的象征；它是自信的展示；它是第29届奥林匹克运动会主办城市北京，向全世界、全人类做出的庄严而又神圣的承诺。‘精诚所至，金石为开’，这枚以先贤名言创意、以金石印章为形象的会徽，是中国人民对于奥林匹克的敬重与真诚……”这是北京奥组委对“中国印”的意义官方说明的一部分，这又何尝不是对中国篆刻艺术蕴含的民族与文化特性的高度概括呢！

金石印章可以跨越数千年而长久保存。一枚秦代的印章，经考古发掘出土后，仍然可以发挥2000多年前的功用，可以完好地拓印在今天的书本或其他陶瓷、金属制品上。端详着我收藏的那些盖章书，这样的情景常常浮现在我眼前：毛泽东同志在他喜爱的书上加盖邓散木为他刻制的印章；摆在邓小平同志办公桌上的印章，默默地见证了改革开放的风雨岁月……往上追溯，曾参加黄花岗起义的陈融为孙中山篆刻了“孙文之印”；鲁迅致信宋庆龄、蔡元培，在信末署名后又盖上西泠传人吴德光刻制的印章。再想想今天，钱学森为了签署方便，专门刻制了与他的手迹一模一样的印章；成思危的印章是中国和平统一促进会的会议纪念品，而他2009年访问台湾，成为少有的跨越海峡阻隔的中华人民共和国原国家领导人之一……一方印章串起一段故事，一段故事浓缩一个时代。正如签名书能够激起人们对往事和朋友的回忆一样，盖章书同样可以赋予收藏者心灵的感动。

正因为金石印章具有长久传承的特点，2008年我先后两次参观寿山石篆刻艺术展，一次是在中华世纪坛，一次是在国家大剧院，两次展览均以“金石永寿”为题。展览主要组织者之一、中国艺术研究院篆刻艺术院常务副院长骆芃芃告诉我，这些珍贵的展品不仅在国内反响强烈，而且远赴日本大阪美术馆展览，也受到了日本朋友的高度评价。

今天，中国进一步改革开放，进一步与世界接轨。作为具有鲜明中国特色的艺术门类，篆刻艺术串联古今、沟通中外的文化传承功能一定会受到人们越来越多的喜爱。那时候，我收藏的盖章书一定会更加丰富多彩，一定会有更多动人的故事蕴藏其间。

（原为《藏书·记事·忆人：印章专辑》自序，原载于2009年10月31日《人民日报》第8版。亦载于《解放日报》《文汇报》《学习时报》等）

我藏书画图册

我从军半个多世纪，主要习武。退出现役后，主要学文。我的“学文”，有一个主轴，就是藏书、读书、用书，徜徉在我几十年间搜集到的签名盖章书的海洋中。多年来，我一直是签名盖章书收藏的爱好者。至今，我收藏的签名盖章书已逾3000册。早在十多年前，我就有一个心愿，退休后要好好读一读这些书，好好写一写这些书。因此在季羡林先生还健康工作的时候，我就利用一次外事活动的机会，请他为我构思中的丛书写作计划题写了“藏书·记事·忆人”的书名。

2008年年初，我的第一本《藏书·记事·忆人》出版。这本书带有一定的综述性质，介绍了我的藏书概貌。2009年10月，在举国欢庆中华人民共和国60华诞之际，我又出版了一本《藏书·记事·忆人：印章专辑》专题性地介绍了我收藏的盖章书。这本新出版的第三本《藏书·记事·忆人》是“书画专辑”，专门介绍我收藏的签名盖章的书法绘画作品集。

今天，当书画与收藏联系在一起的时候，人们的第一反应往往就是书画真迹的收藏，然后就会想到市场价值几何。很少有人收藏书法绘画的作品集，专门收藏作者签名盖章的书法绘画作品集的就更少了。我为什么情注其中而且乐此不疲呢？一方面是因为我爱好艺术，在工作与生活中又常常能够接触到许多著名的艺术家，有便利条件。另一方面，我更乐于通过和这些艺术家交谈感悟艺术境界，更看重他们书画作品中的精神蕴藉，而不是经济价值。况且直接收藏书画需要以经济实力做后盾，收藏的数量会受到很大限制，而相对而言价格低廉得多的书画作品集，内容却丰富得多，可以囊括艺术家各个时期的代表作。现在的印刷技术又是那么先进，捧览精美画册，其效果即使不如原作，但对业余爱好者来说也相差不是很多了。

这本“书画专辑”共分为三部分：中国绘画、中国书法和外国书画。我发现，无论东方西方，无论艺术的形式和技法如何千差万别，优秀的作品都有共同之处，那就是，它们都妥善处理好了虚与实的关系，源于生活，又高于生活，在生活之实的基础上，通过艺术家灵心巧手的提炼与升华，实现了艺术之虚，将美呈现给世界。

以中国绘画为例。人们在对中西绘画进行比较的时候，常说中国画的长处在于写意，西洋画的长处在于写实。一些人把透视和比例作为重要标准，以此批评中国的写实不如西方。这是不恰当的。实际上，传统中国画的写实非常优秀，无论三国时期的“曹衣出水”，还是唐代的“吴带当风”，都达到了相当高的水平，而其年代距今都已一两千年。只不过中国的写实不像西方的写实讲究几何规律的透视和比例。早在1700年前，在中国绘画理论初创时期，晋代的著名画家、绘画理论家顾恺之就指出，“手挥五弦”难画，而“目送飞鸿”更难画。因此，他提出了“传神论”，认为绘画的根本在于“传神”，要“以形写神”“迁想妙得”。顾恺之提出了一个很高的标准，并被后代的无数中国画家遵从，特别是中国文人画兴起之后，在写实的基础上，以追求神似和意趣为特征的写意画有了飞跃发展。

在写实和写意的关系中追求写实基础上的写意，这是中国绘画发展的一个重要脉络。尤其是近代以来，这个脉络更加彰显。写意之外，还有大写意，有泼墨，有彩色泼墨。从齐白石、徐悲鸿，到今天的冯远、刘大为，虽然他们风格各异，擅长的绘画门类也不尽相同，但无一例外都能虚实结合，意在画外。齐白石老人说“妙在似与不似之间”，他画的虾之所以栩栩如生，既是因为他笔下的虾活灵活现，画出了“神”，也是因为他对虾的基本情态有准确的把握，没有脱离虾的

“形”。这就是“似与不似”之妙，或者如古人所说的“无法中有法”“入乎规矩之中，超乎规矩之外”。

在中国，自古就有“书画不分家”的说法。与中国绘画写实与写意的关系相呼应，我认为，中国书法的实质是要处理形与神的关系。因为书法是一种从实用中脱胎并上升到审美范畴的艺术形式，实用性是书法的根基。无论是最初的象形文字，还是后来的形声字，中国的文字都以“形”为基础，而其中又以楷书的“形”为关键。中华文明绵延至今，绝大多数文字以楷书为载体。楷书的“形”带有浓厚的“正式的”与“官方的”色彩，也称“正书”或“真体”，“神”附着于“形”，因此，楷书的“神”就是堂堂正正的端严庄重之“神”。

我收藏的签名盖章书法集，大都集中于当代，既有林散之、启功的盖章本，又有欧阳中石、沈鹏等当代名家的签名本，还有张海、苏士澍、申万胜等当今书法界领导的签名本。我发现，这些书法名家虽然都精通多种字体，但他们作品最多的往往还是行书和草书。林散之是典型的大器晚成的艺术家，他自称“六十岁后才学草书”，但他独辟蹊径地以汉隶功底研习草书，以拙补巧，使古老的草书展现了新的生机。无独有偶，中国书法家协会现任主席张海也是在胸有成竹之后又不拘成法，将他擅长的隶书、行草、汉简结合起来，开创了草隶书写的新境界。可以说，书法史的发展有一个从形到神的脉络；具体到每一位杰出的艺术家，也有一个不断从形到神，突破成法，超越自己的过程。如果说“形”是书法的根基，那么“神”就是艺术家心游万仞的自由境界。

由于从事对外军事交往工作的原因，半个多世纪以来，我陆陆续续地几乎走遍了世界各地。每到一地，在工作之余，只要有可能，我都尽量挤出时间到剧院欣赏戏剧，到音乐厅聆听演奏，或者到博物馆和画廊欣赏绘画与雕塑。在参观的过程中，以及通过一些朋友的帮助，我陆续收藏了一些国外著名画家或者画廊的画册，并得到了签名或者盖章。在我的藏书中，外国图书是一大门类，其中就包括这些精美的画册。收集在这些画册中的绘画作品，以油画为主。实际上，我们今天常说的西洋画，主要也是指兴起于文艺复兴时期的油画。

我曾经来到法国卢浮宫，观摩《蒙娜丽莎》的原作。看着画面上那个似笑非笑的神秘女性，我突然意识到，这里实际上是西方绘画的现实主义源头。文艺复兴之前，西方绘画几乎完全是宗教题材的天下，寥寥无几的现实题材，画的基本上也都是王公贵族。只有到了文艺复兴时期，蒙娜丽莎这样的普通平民（也有人猜测蒙娜丽莎是贵族，但也绝不是可以被载入史册的显宦贵胄），才进入画家的视野。而油画的诞生，恰好给了这种以常人入画的艺术取向有力的现实主义的途径。因此，文艺复兴以来，西方油画无论源头还是主流，都是现实主义的。

但是进入19世纪之后，现实主义主流发生了一些变化。画家不再满足于画室里刻板的静止的人体与静物。他们背起画夹走到室外，走向田野，变动的风景和自在劳作的人们走入了他们的视野。更重要的是，对瞬息万变的“光”的追求，以及用画笔展示人类心灵微妙变化的尝试，使油画从现实走向抽象，进入一个新的发展阶段，形成了印象派、后印象派、野兽派、立体派、表现主义、达达主义、未来主义、超现实主义等众多现代流派和新的绘画技巧。

中国画的实质是处理写实与写意的关系，主要倾向是在写实之中突出写意；中国书法的实质是处理形与神的关系，主要倾向是在形的基础上追求神韵；外国绘画的实质是处理现实与抽象的关系，主要倾向是从现实的表象中抽象，去挖掘心灵的体验——这就是我收藏签名盖章书画集并研读学习的心得。

今天，我们生活在一个文明多样化、文化多元化的地球村里，各种艺术形式的交流融合成为世界性的潮流。特别是在中国，随着我国经济的高速发展，人们的精神文化生活也极大地丰富发展起来，艺术百花园里更是呈现出争奇斗艳的繁荣景象。这种“争奇斗艳”并不是非此即彼地排他，或者三六九等地优劣排序，而是各展所长，各施其能，各擅胜场，竞相吐芳。中国美术家协会现任主席刘大为曾对我说，当今的国画创作已进入一个名家辈出、整体水平全面提高的“高原时期”。我非常赞同他的观点。同时我想，何止国画创作，中国的书法艺术、中国其他门类的艺术实践，不也借着改革开放和东西文化交流的春风，正在攀登新的高峰吗？到那个时候，我的收藏爱好一定能够得到更多收获，从我收藏的书画作品集里一定能够得到更多美的陶冶、美的享受。

（原为《藏书·记事·忆人：书画专辑》自序，原载于2011年4月17日《人民日报》第7版）

与人沟通　与世沟通

邮政通信是人类最早的远距离沟通信息的方式。在世界邮政史上，古代的中国和古巴比伦、古希腊等都曾留下大量邮政与驿站的记载。人类最早的文字之一，古巴比伦的楔形文字，就刻在当时人们传送信息的泥板上。在古希腊戏剧中，“报信人”往往是重要角色。在中国，人们曾经在3400多年前的商代甲骨文中看到“来鼓”二字。据考证，“来鼓”就类似于今天的通信兵，在当时，已经有了边疆驻军向天子报告军情的通信制度。自古以来，“客从远方来，遗我双鲤鱼。呼儿烹鲤鱼，中有尺素书”“忆郎郎不至，仰首望飞鸿”“烽火连三月，家书抵万金”等诗句，寄托了人们对亲人的思念和信息沟通的渴望。

近代以来，随着工业化的发展和全球市场的开拓，人类的邮政事业也极大发展起来，遍及世界各个角落。1840年5月6日，世界上第一枚邮票、印着英国维多利亚女王侧面像的“黑便士”在英国公开发行，当年重印11次，累计发行了6800（也有记载为7200）万枚。邮票的诞生是近代邮政制度形成的标志性事件，人类的邮政事业从此步入新的时代。“黑便士”诞生170多年来，邮票对人类生活产生了巨大的影响。欧洲有三个袖珍国家——圣马力诺、摩纳哥和列支敦士登，都以发行精美的邮票闻名于世，其邮票销售收入甚至成为国家的一项主要创收来源。

中国虽然在近代饱受列强欺侮，但邮政的发展并不滞后。2010年10月30日，我出差天津，专程参观了刚刚落成开馆的天津邮政博物馆。这座博物馆原为大清邮政津局旧址，是一幢青灰色的双层欧式建筑，位于天津解放北路与营口道交会处，是目前中国唯一幸存的清朝时期的邮政局房。在这里，我了解到，1878 年 3 月 23 日，天津海关税务司发布公告，开始收寄信件，并组织相应的海运和陆运邮路，这是中国近代邮政的起点。在天津邮政博物馆，我还有幸欣赏到其“镇馆之宝”——清朝政府于 1878 年发行的中国的第一套邮票“大龙邮票”。

无论是在世界其他地方，还是在中国，邮票一经诞生，就出现了相应的收藏者。1840 年，“黑便士”发行不久，英国报刊上就出现了关于收集邮票的新闻报道。1841 年，《泰晤士报》刊登了一则征集邮票的广告，据说发布广告者已经收集了一万多枚“黑便士”邮票，准备用来做房屋的室内装饰。大约在 19 世纪 70 年代，集邮传入中国。在众多的收藏领域中，像这样藏品与收藏爱好者几乎同时诞生的情况并不多见。其原因何在？我想，主要原因在于，信件具有“与人沟通、与世沟通”的特殊功能，并且极富个人色彩，而邮票和信封将信件的这种特殊性仪式化了。100 多年来，在实践中，人们不断采用新的思维、模式、方法，因而才使得集邮有了今天的丰富内涵和宽广外延，集邮也因此风靡全球。

人们之所以离不开信件，是因为人与人之间存在沟通的渴望和需求。在古代，要想了解远方的世界，了解远方亲人的生活状态、喜怒哀乐，只能通过写信。今天我们看到的“书圣”王羲之的墨迹，除《兰亭集序》《乐毅论》《黄庭经》之外，绝大多数的是诸如《丧乱帖》《寒切帖》《快雪时晴帖》等信笺。这些信笺有行书，有草书，为今人展现了王羲之的生活方式与精神状态，具有不可复制、难以替代的独特艺术魅力。邮票诞生后，邮票、邮戳、信封等邮政元素，将私密性、个性化的信件仪式化了。集邮是一项文化活动，以邮票为主要收集对象。随着时代的发展，集邮已扩展到收集与邮票和邮政有关的邮品，如实寄封、首日封、邮资封片、邮政日戳、签名封等，通过对它们的收集、鉴赏、研究，人们提高了自己的审美情趣和知识水平。

信件还有一点特殊之处，就是上至国家、国际性机构，下至每一位普通公民，都与它息息相关，都可以通过它传递重要的信息、寄托美好的愿望。邮票是认识世界的窗口，这是人们的共识。在我孩提时代，周围每个同龄伙伴几乎都有一本小小的邮票册，邮票大多是兄弟姐妹和同学们从信件上收集来的，有时也转给其他的兄弟姐妹和同学。一本邮票册，仿佛就是一本缩微的百科全书。通过一枚枚精美的邮票，我初步认识到世界的多姿多彩、千变万化。我的两个女儿从小就喜爱集邮。她们都曾以《小小邮票》为题写过作文，所写文章也都被老师评为范文。

集邮是一种爱好，也是一门学问。许多中外名人都喜欢集邮。美国总统富兰克林·罗斯福（Franklin Delano Roosevelt）从10岁开始集邮，终身不辍，其一生收集的邮票超过100万枚。1932年12月21日，罗斯福曾自题："我寄生于我的癖好，特别是收集邮票。"苏联作家高尔基（Maxim Gorky）不仅收集欧洲各国邮票和苏联邮票，还参与交换邮票。英国女王伊丽莎白二世在集邮方面享有“世界上私人藏品最丰”的美誉。原国际奥委会主席萨马兰奇（Juan Antonio Samaranch）是公认的超级体育邮票收藏家。世界著名“邮王”费拉里（Philipp von Ferrary）在生前的最后一天，还在瑞士洛桑追寻珍邮。在中国，1922年，上海成立了中国集邮者的第一个组织——神州邮票研究会。如今，中华全国集邮联合会的会员已发展到数百万人之多。文学家鲁迅、夏衍，京剧大师梅兰芳等都是集邮爱好者。我很喜欢老舍先生的题词：“集邮长知识，嗜爱颇高尚；切莫去居奇，赚钱代欣赏。”

今天，随着人类通信事业和互联网的快速发展，移动电话、电子邮件等即时通信的兴起，纸质信件以及与之配套的邮票、信封距离人们的生活似乎越来越远了。但与此同时，纪念封和各种纪念邮票却异军突起，收藏价值日益凸显。各种重大事件、各个名胜景点、各类知名人物的纪念封层出不穷，异常繁荣兴旺。2010年，世博会在上海召开，我们前往参观，看到世博园里等待加盖纪念邮戳的长长队伍，不禁感慨万千：邮品收藏的生命力真是旺盛，它既古又新，既高雅又大众，在时代潮流冲刷下更显出其不凡魅力。2011年，我有幸成为外交部集邮协会的顾问，收藏了许多建交纪念封，深切感受到纪念封在国家外交中的特殊作用。一枚建交纪念封意义非凡，上面印着两国国旗或国徽，贴着两国邮票，盖上两国邮戳，价格低廉，却精美绝伦，能够充分体现两个国家及其人民真诚友好的心愿。人们常说，邮票是国家的名片，那么，外交纪念封就是两国建交的另一种“国书”。

从收藏的角度看，邮品收藏既有文化内涵和经济价值，更有纪念意义。无论是邮票、邮戳，还是纪念封或者纪念封上寄信人的手迹，其纪念意义都是首要的。我们收藏纪念封，最看重的也是其纪念意义。多年来，我和夫人寿瑞莉都是签名封收藏的爱好者。由于工作关系，我出席过许多重要活动，参加活动时我常常会带着纪念封，在方便的时候请与会者签名留念。这些签名封当然意义非同寻常，但完全是纪念意义，与经济价值无关。我的夫人寿瑞莉也常常忙于此道，并乐在其中。2000年，当世界迈入新的世纪、新的千年之际，寿瑞莉与中国航空技术进出口总公司的同事霍郁华等一起策划了一个印发“中航技跨入2000年纪念封”的活动，并且与一些集邮爱好者共同组织了一次让朋友们在全球各地用邮寄签名封的方式纪念新年的活动。这些成功的活动，使那个跨越千年的特殊日子在我们家里有了永远值得纪念的载体。

在我们的收藏中，签名书的收藏和签名封的收藏相辅相成，并行不悖。许多时候，我们在收藏签名书的同时，也收藏了签名封。签名书与签名封同中有异，异中有同，相得益彰。相同之处在于：两者都有助于人们增长知识，了解世界，加深交往，包括国家与国家之间的交往；两者都注重精神蕴含而非经济价值，只需要一颗恒心、一份毅力，不需要破费多少，就可以在精神上有所收获。不同之处在于：签名封更加侧重于纪念价值而非知识传播，更何况赏心悦目的签名封能够唤起人们的美好回忆。一枚枚签名封，虽然不像签名书那样拥有厚重的知识积淀，但它们像一个个小小的冰山尖角，下面也有巨大的冰山可供开掘。我曾将收藏签名书的目的概括为“藏书、记事、忆人”六个字，实际上，这六个字也同样适用于收藏邮封。一枚枚小小的签名封，可以记载国家大事，也可以记录普通交往；而一个个的签名，则把收藏者和签名者沟通联结在一起，成为一幕幕令人难以忘却的记忆。

多年来，像收藏的签名盖章书一样，我们夫妇收藏的签名封也常常成为我们与朋友之间津津乐道的话题，观赏品评的风景。今年恰逢中国人民解放军建军85周年。值此之际，我们将多年所藏的签名封做了一些整理分类，其中，既有毛泽东、刘少奇、周恩来、朱德、任弼时、邓小平、陈云等开国领袖后人的签名纪念封，也有开国元帅、大将后人的签名纪念封；既有新时期以来我党主要领导人的签名纪念封，也有这一时期军队领导人的签名纪念封；既有国庆大阅兵、联合军事演习、航空航天、环球航行等重大事件的签名纪念封，也有海军、空军、炮兵等兵种的签名纪念封。此外，还有外国元首、政要和中国驻外大使、武官签名的外交纪念封。收藏本来是很个人的事，但藏品的价值往往具有社会性和历史意义。正是由于各界朋友的帮助，我们才能拥有如此丰富的藏品，所以，我们也有义务用自己的藏品反哺社会。因此，我们决定出版这本《藏书·记事·忆人：签名封专辑》，同时公开举办展览，与社会各界朋友共同分享这些藏品的魅力，以答谢众多朋友和社会各界人士多年来对我们收藏的支持、帮助和厚爱。希望这些签名封能够传递友好情谊，带给人们长久的美好享受。

（原为《藏书·记事·忆人：签名封专辑》自序，原载于2012年6月10日《人民日报》第8版，亦载于2012年8月7日《解放日报》第13版）

单薄中的厚重

岁月匆匆，总需要有留住记忆和生命痕迹的东西。对我来说，除了书籍、绘画、印章、纪念封等，看似不起眼的节目单也是我和家人生命记忆的重要承载。

我用心且专门收藏节目单，始于一次难忘的参观。多年前，我去天津参观周恩来邓颖超纪念馆，周总理对文化的一贯重视令我感触深刻，其中的一个细节，给我留下了深深的印象——周总理每次观看演出后，都会将节目单小心地收藏起来，日积月累竟有上千张。

这种举动充分显示出他对文艺和文艺工作者的尊重。这一细节触动了我，更触发了我对节目单收藏的欲望——我也观看过一些精彩的演出，何不也将这些节目单收藏起来，以留住曾经的文化记忆？如果可以，争取在节目单上留下演出者的签名，使之与我收藏的签名盖章书相映生辉，岂不是更好？

有想法就要付诸行动。此后，我真的开始了对签名节目单的收藏。随着收藏时间的增长，我逐渐感受到，简单的节目单不仅留下了文化艺术的历史痕迹，也承载着我参与其中的点滴记忆，将这些众多的痕迹与记忆连在一起，于我而言是何其的有意义！

的确，小小的节目单可以成为一种特殊的人生记忆的载体。

记得上小学时，我就觉得表演与演出是一件非常神奇的事情。那时，为了看一部好电影，往往要花几个小时去排队买票。走在上海街头，经常会有人指着一幢幢楼房告诉我说，赵丹家住这座楼，秦怡家住那座楼。我的小学同学郑大畏就甚是令人羡慕，他是著名导演郑君里的孩子，曾在电影片中出现。到中学时，我所在的上海市延安中学很注重培养学生“德智体美”的全面发展，文艺戏剧演出非常活跃，我和我的夫人，当时便都是合唱队的队员。

现在回想起来，我的军事外交生涯中也有一个个精彩纷呈的文艺活动。从我曾经驻外工作的东德和西德，到我后来访问过的五大洲 80 多个国家，文艺活动就是一座座精神的桥梁，加深了我对这些陌生国家文化的了解与理解。我访问过英国莎士比亚故居、俄罗斯柴可夫斯基故居、德国贝多芬诞生地、美国肯尼迪表演艺术中心等，每一处都有颇多收获。有一次出差到维也纳，我曾在一个休息日欣赏到三次演出：在音乐大厅，观赏了白天的一场表演；午后在施特劳斯沙龙，恰好碰上一个小乐队的演出；晚餐时，餐厅里又有奥地利民间风格的手风琴演奏。这些都让我充分感受到了“音乐之都”那浓郁的文化氛围。潜移默化中，这些艺术活动既增强了我的艺术修养，也提高了我的外交水平。记得有一次，我访问美国，主人在宴请中安排了小乐队表演，以活跃正式会谈后的严肃气氛。后来，我在国内的一些外事接待活动中，也尝试着在适当的场合邀请小乐队助兴。我认识到，艺术是沟通心灵的重要手段。

面对日益增多的签名节目单，我也常常在想它与签名书的异同。与节目单相比，书的内容更加厚重。藏书、记事、忆人，签名书的收藏对于增长知识、温习往事、珍藏友谊，都具有沉甸甸的意义。节目单的内容无疑要单薄许多，它所展现和隐含的更多的是形象的世界。节目单的签名者一般是文艺表演领域的文艺工作者。与著书立说相比，表演更需要身体力行。因此，签名节目单固化的是表演艺术家的一咏一叹、一曲绕梁、一剧动心，是他们活生生的艺术实践活动留下的痕迹。这些艺术家在节目单上的签名，仿佛就是他们签下的自己对艺术实践活动的真诚承诺，即通过表现人类的真善美来感染人、打动人，从而帮助人们更好地追求真善美。因此，珍藏签名节目单，也是珍藏艺术家们对社会的美的奉献。

蓦然回首，从国内到国外，从工作到生活，从青年到暮年，这些文化艺术活动的节目单已成为我生命中的重要记忆——有艺术欣赏之旅、文化学习之旅、艺术修养之旅、精神享受之旅。它们浓缩了艺术家们的艺术实践，也烙刻了我爱好艺术的人生印记。也可以说，这些节目单留下了艺术家，以及我们这些观众追求真善美的共同心声与共同实践。

（原为《藏书·记事·忆人》自序，原载于2014年11月16日《人民日报》第12版、2014年11月16日《新民晚报》B3版）

第二辑

政坛篇

“实事求是”的思想源头

山环水绕，翠色连绵。2008年9月1日，我又来到了毛泽东同志的故乡——湖南韶山。除参观毛泽东故居、毛泽东同志纪念馆（遗物馆）、滴水洞景区外，此行我的一个重要目的，是再次看一看那枚钤盖在我的藏书上的龙钮大印。

上一次我到韶山，是在1998年4月。当时，在参观毛泽东同志纪念馆时，我突然“发现”了这枚印章。我用“发现”这个词，是为了表达我的惊喜之情。

我从1994年开始系统收藏签名盖章书，当时已经收藏了许多老一辈无产阶级革命家的签名盖章书，但始终无缘得到毛泽东同志的盖章书。这次“发现”，实属意外之喜。

当时的湖南省省长杨正午同志陪同我们参观，我立即找到他，表达钤章纪念的愿望，并得到了他的支持与帮助。回京后不久，我就收到了盖章本的《毛泽东选集》。在随书附来的信中，时任毛泽东同志纪念馆馆长的张战武、副馆长陈明禹写道：“这枚‘毛泽东’印章，是我国著名的金石篆刻家邓散木先生为毛泽东同志精心刻制的。毛泽东同志对此印十分钟爱，并将其加盖在他特别喜爱的书籍上。1991年11月，我馆从中南海丰泽园毛泽东故居接收，现珍藏于我馆……”

这本盖章本《毛泽东选集》一直陪伴着我，成了我的收藏精品。我还在几次小型展览中将它展示，每次都成为亮点，引来欣赏者驻足品鉴。

让我没有想到的是，这次我到韶山，恰逢正在改建的毛泽东遗物馆闭馆。诚心诚意地远道而来，却不得其门而入，我当然心有不甘。我们向当地有关人员说明来意。在我们的诚意感动下，他们打开了馆门。

毛泽东遗物馆，于2008年12月毛泽东同志诞辰115周年之际正式建成开馆，总建筑面积1.9万平方米。一进门就可以看到，在镶嵌“为人民服务”的镏金红墙前，陈列着一枚硕大的龙钮大印。

据介绍，这枚龙钮大印是原件的20倍，由同样材质的寿山石精心雕刻而成，高1.226米，寓意毛泽东的生日，长、宽各1.15米，寓意纪念毛泽东诞辰115周年。大印的印钮由黄色、青色两条巨龙构成，龙头上有红色的天然花纹，这在寿山石中有“鸿运当头”之说；印台正立面的黄龙身体上有天然形成的红日和月亮图案，而月亮恰好在红日当中，有“日月同辉”之意。整个印章气韵非凡，栩栩如生。

随后，我们来到那枚龙钮大印原件前。与1998年相比，现在的这枚印章已经被固定在玻璃罩里面。但透过展区精心设计的灯光，这枚静穆端庄的印章，依然散发出令人心驰的艺术魅力。

我们这一代人在成长的历程中，血液里都融化了对毛泽东的崇敬与爱戴。我在军校学习期间，就曾经因为崇敬毛主席而追逐过他的车队。

一次是在参加十三陵劳动时，另一次是在1957年5月苏联领导人伏罗希洛夫（Kliment Voroshilov）访华时。特别是第二次，面对欢呼着蜂拥而来的人群，毛泽东走下车来，向我们挥手致意。那个情景，我至今记忆犹新。

1959年，我因为陪同外宾出席庆祝中华人民共和国成立10周年的盛大宴会，而荣幸地得到了印有毛泽东同志署名的请柬，并因此能够较近地见到毛主席。

毛泽东的书，我们这个年纪的人都读过许多遍。我特别喜欢《矛盾论》《实践论》《关于正确处理人民内部矛盾的问题》《论十大关系》等篇章。但真正领会其精髓，还是在拨乱反正之后。

有一次，我到湖南长沙岳麓书院参观，看到书院讲堂的正檐上高悬着“实事求是”的匾额。一查，原来“实事求是”一词出自《汉书·河间献王传》，颜师古的解释是“务得事实，每求真是”。1917年，岳麓书院的院长宾步程将“实事求是”作为校训立匾醒众。

那么，岳麓书院的“实事求是”与毛泽东倡导的“实事求是”有什么联系呢？原来，在湖南第一师范读书时，毛泽东就经后来的岳父杨昌济先生介绍，两度利用假期入住岳麓书院寄读，对“实事求是”的匾额留下了很深的印象。

后来，毛泽东写下这四个字，把它嵌在延安中央党校的大门口。这就是我们经常看到的毛泽东“实事求是”手迹。此时，这四个字已经成为毛泽东思想的精髓，被赋予了新的内涵。

（原载于2009年11月24日《中国国防报》第21版）

一切遗物归公

1998年是周恩来百年诞辰，在那一年的纪念座谈会上，我做的一个《论周恩来外交思想与实践》的发言，提到周恩来关于外交工作的思想与实践主要有以下几点：一、“处变不惊、沉着应对”的政治勇气；二、“高瞻远瞩、全局在胸”的战略眼光；三、“全面分析、一分为二”的思想方法；四、“求同存异、广交朋友”的博大胸怀。应该说，周恩来的这些外交思想对中国外交，包括中国军事外交有着极其重要的影响。我在

50多年的军事外交生涯中深受其益。

1976年1月8日，周恩来去世。9日零时，收音机里播发了讣告。当时我已经接到任务，将成为第一位赴我国驻联邦德国使馆担任外交职务的军人，但还没有上任。和许多悲伤的中国人一样，我也赶到了北京医院为周总理送行。

那是一个极其寒冷的冬天。为了御寒，我穿上了厚厚的军大衣、军棉鞋、军棉帽，但仍冻得手足冰凉。然而严寒阻挡不住人们吊唁敬爱的周总理的决心。在北京医院门外，上万人排起了长长的队伍。人们面带戚容，眼含泪水，一步一步地缓慢向前挪动。

1月11日下午，我乘坐公共汽车路过长安街，恰逢周总理的灵车驶往八宝山。这就是著名的“十里长街送总理”。汽车停下来，我和满车的乘客一起站起来，目送总理的灵车缓缓西去。这个场景，让人终生难忘。

为了收藏周恩来的盖章书，我想了很多办法。我和周恩来的侄儿周尔均、侄媳邓在军相熟，便请他们帮忙。但他们说，他们也没有办法得到周恩来的印章，因为周恩来和邓颖超是完全彻底的无产阶级革命家，一切遗物均由中央保管。

1998年，我在报纸上看到消息，为纪念周恩来百年诞辰，天津建成了周恩来邓颖超纪念馆。我当即委托天津的同事们前往参观，果然发现那儿收藏有周恩来的印章。1999年年初，经天津市委宣传部的同志帮忙，我终于得到了盖章本的《周恩来选集》。

（原载于2009年12月3日《南方周末》E24版）

无一位将军是其“心腹”

我收藏的朱德盖章书，得益于朱德之女朱敏的帮助。说起来，这中间，还有一段机缘巧合。

1998 年的一天，我去北京郊区视察部队，偶然听说朱德的外孙刘武正在这支部队服役。这触发了我久存心中而迟迟未能实现的愿望——收藏一本朱德的盖章书。我当即请来刘武，把这件事委托给他。很快，我又将一本早已准备好的《朱德选集》转交给他。不久，这本加盖了四枚印章的《朱德选集》，就回到我的手中。

朱德的女儿、刘武的母亲朱敏在随书附来的一封信中解释了这些印章的来源："仪陇朱氏藏书之印"和"德字玉阶"刻于1927年；"朱德之印"是朱德在担任八路军总司令期间使用的；手写体的"朱德"印章，则是朱德担任全国人大常委会委员长期间用过的。

这是我收藏的盖章书中，印章最多的一本。

朱敏在信中还说，朱德去世后，印章已全部上交中央有关部门保管，此次能够加盖印章是她经过多方联系才办成的。

朱德的这几枚印章中，"德字玉陔"的印章特别值得一说。我们现在查到的朱德有关传记，都记载着朱德字"玉阶"。朱敏的信中也说，这枚印章是"德字玉阶"。

可是，一位篆刻界的朋友告诉我，这里的最后一个字并不是"阶"，而是"陔"。"阶"的本意是"台阶"，而"陔"的本意是"靠近台阶下边的地方"，二者意义不同，也不通用，篆字的写法也不相同。难道这枚印章刻错了？

带着这个疑问，我请教了中央文献研究室的有关专家。得到的答案是，朱德早在四川仪陇老家的时候，曾经使用过“玉陔”的字，后来就不再用了；而且在仪陇当地，“陔”与“阶”读音相同。看来，这枚印章并没有刻错。

后来我知道，1976年刘武参军时年仅15岁，当时朱德已经卧病在床，获悉此事后，朱德很高兴，勉励说：“让他在部队里好好地锻炼和学习！”

刘武没有辜负外公的期望，在部队里默默无闻地埋头苦干，从基层到机关，从战士到干部，一步一个脚印，先后多次立功受奖。如果不是因为偶然相遇，当时我甚至不知道共和国第一元帅的外孙竟然在我管理的部队里工作。这也说明了刘武为人处世的低调与谦虚。

朱敏还将她的著作《我的父亲朱德》（辽宁人民出版社，1996年12月）签名并盖章后赠给了我。她的印章很别致，是和她的丈夫刘铮的联名章。

在《我的父亲朱德》中，朱敏写道，历史上哪个率兵的没有几个心爱的将领？可是朱德不同，他一辈子统率军队，可以说统兵千万，手下将领何止百千，就是没有一支部队属于“嫡系”，没有一个将军是“心腹”。朱德总是对谁都一视同仁，从不厚此薄彼。

我想，正是因如此，朱德才被公认为人民军队的主要创建者和领导人。

我在德国工作的时候，就听说朱德曾经留学德国。后来，在朱德诞辰百年之际，德国著名的大学城哥廷根还为朱德在德国居住过的地方举行了一个揭牌仪式。在这幢故居的正面墙上，镶嵌着大理石雕刻的“朱德，中华人民共和国元帅，1923—1924”石碑。直到今天，哥廷根的档案馆里还保留着朱德当时的户口登记表和大学注册文件。

2009 年 4 月中旬，我悲恸地获悉，朱敏于 4 月 13 日因病逝世，享年 83 岁。朱敏的一生，经历了太多苦难。第二次世界大战期间她被关押在纳粹集中营，从而落下了终身病痛。晚年的她，忍受着病痛的长期折磨，奔走于教育战线。朱敏用她的生命，实践了朱德对她的教诲，成为一个平凡而伟大的人。

（原载于2009年11月24日《中国国防报》第21版）

帮忙搜集旅法史料

1994 年，邓榕送给我一本精装的《邓小平文选》（第三卷），在书前印着“全世界无产者，联合起来！”的那一页，留着邓小平同志的亲笔签名，落款时间是 1994 年。邓小平同志诞生于 1904 年 8 月 22 日，1994 年恰好是邓小平同志 90 寿辰。

能在邓小平同志 90 寿辰之际得到他的亲笔签名书，我深感荣幸。虽然 1994 年距今已有十几个年头，但我还能清晰记得那一天的激动与振奋之情。邓榕赠送给我这本签名书的时候，也许不会想到，它竟打开了我生活的另一扇大门。从那以后，我开始一发不可收地系统收藏各类签名盖章书。到今天，我已收藏了3000多册，涉及的作者更是遍及全球。

邓榕之所以把这本书赠送给我，我想，主要的原因是我曾经在她创作《我的父亲邓小平》的过程中给予过帮助。

1990年的一天，邓榕到我的办公室对我说，希望我帮忙搜集一些邓小平20世纪20年代在法国勤工俭学的史料。我当即请我在法国的同事搜集各种线索。此后两年多的时间里，我的同事循着邓小平当年的足迹，走访了法国许多地方，找到许多资料，也拍摄了许多照片。每当一批资料寄回国，我就委托有关同志，把它们翻译成中文，转给邓榕。

1992年4月初，我将最后一批资料寄给邓榕后，接到了她的一个电话。电话中，她告诉我，她把这些资料给邓小平看了，邓小平很高兴，还询问了这些资料的来源。

在邓小平的子女中，我与邓楠和邓林也有交往。盖章本《邓小平文选》（第三卷），是邓林赠送给我的，时间是2003年2月8日。邓林还附了一张便笺说，书上加盖的邓小平印章好像用过，因为图章上有许多油印迹，约刻于20世纪50年代，不知刻者。

几年后，有一次，我遇到邓林，她对我说："你真幸运。现在再加盖父亲的印章已经不方便了。那方印章已经捐给四川广安的邓小平故居纪念馆了。"

（原载于2009年12月3日《南方周末》E24版）

故居与旧物

多年来，我一直很有兴趣地收藏着各类签名盖章书。中国人民的革命先辈孙中山、宋庆龄俱已去世多年，不可能再收藏到他们的签名书，但我很幸运，通过博物馆的帮助，收藏到了他们的盖章书。值此辛亥革命百年之际，翻阅他们的盖章书，颇生缅怀之情。

每年国庆节期间，当欢乐的人们奔向天安门广场，他们总会看到一幅巨大的画像矗立在广场中央人民英雄纪念碑前方。画像上的人目光深邃、神情凝重，饱含忧患，也饱含憧憬与希望。这个人，就是中国民主革命的伟大先行者孙中山先生。

“一旦我们革新中国的伟大目标得以完成，不但我们美丽的国家将会出现新世纪的曙光，整个人类也将得以共享更为光明的前景。”在我收藏的《孙中山言粹》封底，印着这样一句话。值得欣慰的是，经过几代中国人不懈的努力，我们这个美丽的国家在21世纪已经绽放出更加辉煌绚丽的曙光。

《孙中山言粹》（中国大百科全书出版社，2000年1月第一版）由中山市文化局和翠亨孙中山故居纪念馆合编。该书以中华书局出版的11卷本《孙中山全集》为蓝本，分中国与世界、思想、政治、经济、文化、人生六个方面，汇集了孙中山各个时期的主要言论。其中许多言论都为今人耳熟能详，如“世界潮流，浩浩荡荡，顺之则昌，逆之则亡”“有志之士，当立心做大事，不可立心做大官”“为四万万人谋幸福就是博爱”“现在革命尚未成功，凡我同志，务须依照余所著《建国方略》《建国大纲》《三民主义》及《第一次全国代表大会宣言》，继续努力，以求贯彻”等。这些精彩言论，体现了孙中山追求真理、热爱祖国，一生不懈奋斗，致力于振兴中华的精神。

《孙中山言粹》还特意编选了孙中山先生有关国家统一的言论。关于统一与国家富强的关系，孙中山说：“美国之所以富强，不是由于各邦之独立自治，而是由于各邦联合后的进化所成的一个统一国家。所以美国的富强，是各邦统一的结果，不是各邦分裂的结果。中国原来既是统一的，便不应该把各省再来分开。”关于统一的历史传承，孙中山说：“中国是一个统一的国家，这一点已牢牢地印在我国的历史意识之中，正是这种意识才使我们能作为一个国家而被保存下来，尽管它过去遇到了许多破坏力量。” 关于统一的重要性，孙中山说：“能够统一，全国人民便享福；不能统一，便要受害。”今天，所有敬仰孙中山的中华儿女，都应该牢记孙中山先生振兴中国的夙愿，担当起推进祖国统一、实现中华民族复兴的历史使命。

2006 年 12 月，我委托上海的朋友到上海宋庆龄故居纪念馆在《孙中山言粹》上钤盖了“孙文之印”。这方印章系同盟会元老陈融所刻，时间是1916年12月。陈融字协之，号颐庵，别署松斋等，广东番禺人，曾参加黄花岗之役，其诗词、书法、篆刻、藏书俱负时誉。“孙文之印”使用标准“缪篆”印文。“缪篆”又称“摹印篆”，“缪”即是绸缪之意，是一种专门用于刻制印章使用的字体，其特点是字体介于篆隶之间，笔画屈曲缠绕，字体必构成方形，因此字形方正，笔画平直稳健。“孙文之印”古朴典雅，是标准的汉印姓名章风格。四字采用斜角对称布局，“孙”“印”二字伸展偏长，密实填满；“文”“之”二字收敛略短，疏落空灵，形成所谓“宽可走马密不容针”、既对立又统一的格局。

我收藏的《宋庆龄书信集》上盖着“孙宋庆龄”之印，也是在朋友帮助下，通过上海的宋庆龄故居纪念馆盖上的。“孙宋庆龄”之印刻于1927年（丁卯），由史喻盦所刻。史喻盦，名谦，江苏溧阳人。他的书法篆刻深受孙中山先生赏识，南京中山堂中匾额多出其手。史喻盦自称自己制印皆从平正入手，三十年来不曾逾矩，对怪僻貌古者，未敢附和。“孙宋庆龄”之印即可为证。此印采用白文汉印的方正布局，但印文多用圆笔，参以小篆笔法，书意颇浓，足见其深厚的篆书功底。

《宋庆龄书信集》（人民出版社，1999 年 12 月第一版）共收书信 953 封，时间跨度自 1909 年至 1981 年。这些信主要是宋庆龄在世时即收藏在档案室的，原文大多为英文，大体上涵盖了宋庆龄一生各个重要历史时期的工作和生活。

上海宋庆龄故居纪念馆位于上海淮海中路 1843 号，主体建筑是一幢乳白色三层楼房，前后均有花园，并环绕着 30 多株郁郁葱葱的百年香樟树，这是宋庆龄非常喜欢的树种。1949 年年初，宋庆龄迁居此处，在这里迎来了上海的解放。中华人民共和国成立后，宋庆龄一直担任国家重要领导职务，因此这里不仅是她的居家之所，还是重要的国务活动场所。宋庆龄在这里会晤过毛泽东、周恩来、刘少奇、陈毅、邓颖超等党和国家领导人，也会晤过苏加诺、金日成、伏罗希洛夫、吴努、拉达克里希南、班达拉奈克夫人等外国元首和贵宾。

1963 年 4 月起，宋庆龄因工作、年龄等原因，开始以北京为主要居住地。1978 年 12 月 31 日，宋庆龄回上海过春节，前后在此居住了三个月，这是她最后一次回上海。1981 年 5 月 29 日，宋庆龄在北京逝世，她在上海的寓所经过整理，于同年 10 月成立了故居纪念馆，2001 年 6 月 25 日被国务院定为全国重点文物保护单位。

徜徉在宋庆龄故居静谧的花园，漫步在故居主楼的各个房间，观赏着文物馆里的珍贵文物，我们仿佛仍能感受到宋庆龄的风范与魅力。在这里收藏的 15000 多件文物中，宋庆龄历尽磨难保留下来的印章非常引人注目。孙中山的遗印以官印更显珍贵，“中华革命党本部之印”是 1914 年 7 月孙中山在日本东京组织中华革命党时所用；“中华民国陆海军大元帅之印”是 1917 年 9 月孙中山在广州就任大元帅时所用。1932 年，宋庆龄等在上海筹组的中国民权保障同盟，是中国历史上第一个以保障民权为宗旨的政治组织。“中国民权保障同盟”印章也得以保存。另外，保存于此的孙中山、宋庆龄姓名章也品类繁多，材质有石、金、木、象牙、橡胶等，印面文字有篆书、手写体、英文等，文物馆里还陈列着一枚铸刻了宋庆龄英文名字简写的戒指印，非常罕见而珍贵。

孙中山是中国民主革命的伟大先行者，宋庆龄是孙中山的革命伴侣、20世纪举世闻名的伟大女性。这一方方印章，浓缩了一代革命先驱热爱国家、振兴中华的不懈追求，也让我们看到了孙中山、宋庆龄的革命历程。

（原载于2011年10月9日香港《文汇报》C2版）

缅怀一代元戎

从1956年穿上军装到今天，我的军旅生涯已经超过半个世纪。军人的血液流淌在我的血管里，我与这支伟大的军队结下了不可分割的深厚情缘。

在我的藏书中，军人的著作，无论在数量上还是质量上，都非常令我骄傲。这类书中，居于金字塔顶尖位置的，是为共和国的诞生立下赫赫功勋的一代元戎的著作。从元帅起，到众多大将、上将、中将、少将的著作，我都收藏有他们的盖章或签名。

这些开国将帅，我大多只是慕其名知其事，但也有一些，曾经因为这样那样的因缘，我亲身见证了他们工作、生活的片段。每当捧起他们的著作，涌上心头的，就是对于这些伟大军人的绵绵不断的怀念。

北京后海附近的胡同，我已经30多年没有去过了。那儿还是巷道寂寂，少有行人吗？那儿还是柳树成荫，遮天蔽日吗？每次想到这些胡同，我的脑中闪现的，总是30多年前的景色，而我，也仿佛变成了30多年前那个风华正茂的年轻人。

曾经有3年多的时间，我几乎每周都要走过北京后海附近的小胡同，走进胡同深处一座深深的庭院。那是一位共和国元帅的家。毛泽东曾经赠给这位元帅两句话："诸葛一生唯谨慎，吕端大事不糊涂。"薄一波觉得，这位元帅的精神风范还贴近于另外两句话："先生，从浑厚中透出侠义气；人们，从亲近中露出敬畏心。"

这位元帅就是叶剑英。

1971年9月13日，身为中央副主席、军委副主席的林彪，在反党阴谋败露后，从山海关机场乘三叉戟飞机叛逃国外，结果在蒙古国折戟沉沙。不久，叶剑英受命于危难之际，担任新成立的军委办公会议负责人，开始主持军委日常工作。

我就是在此后不久，第一次走进了叶剑英元帅的家里。但我并不是来执行军事任务，而是为这儿放映的外国电影做同声翻译。

叶帅家的放映厅大约有100多平方米，简单摆放了七八排椅子，大约有四五十个座位。“今天放映什么电影？”一走进放映厅，我就问那里的工作人员。说实在话，我的心里有些忐忑不安，因为这是我第一次担任这么高层次领导的同声翻译。

当时，由于受“文化大革命”的影响，我已经好几年没有摸外文了。在不能提前看一遍电影的情况下做同声翻译，难度相当大。为防止现场翻译遇到困难，临出家门时，我在口袋里揣了本《英汉词典》。

“《丘吉尔》。”那位工作人员回答。

我马上拿出词典，翻到丘吉尔的词条，默默地把词条的内容记在心上。

不久，叶剑英在工作人员的簇拥下走进来。“这位是新来的翻译同志。”有人指着我向叶剑英介绍说。叶剑英很客气地向我点了点头，问：“今天放什么电影？”

“《丘吉尔》。”我连忙回答。

“噢，《丘吉尔》，好啊，二战三巨头之一。丘吉尔的生卒年分别是多少？”

要在平时，我肯定会被问住的。但我刚好提前在随身带去的《英汉词典》上查到过，所以马上干脆利落地答道：

“报告首长，丘吉尔生于 1874 年，卒于 1965 年，享年 91 岁。”

叶剑英没有再问别的问题，只是深深地看了我一眼，然后坐到座位中，说：“开始吧。”我感到，他对我的回答还是满意的。

灯光暗下来，在电影放映机有节奏的转动声中，二战风云席卷了那块小小的银幕。我的心轻轻悬起，思维飞快地跟着剧情转动，像攻克难关一样不断克服一个个英语单词、一段段英语对白，把它们迅速转换成汉语。很快我适应了，许多难度很大的台词，我都能准确翻译出来。思维转换的过程消失了，我已经能够像剧中人一样，把他们说的用汉语脱口说出。

电影结束，灯光亮起。这时，我那颗悬着的心才慢慢放下，我发现，我的头上已经沁出一层细汗。

“你叫什么名字？”叶剑英问。

“首长，我叫熊光楷，熊是能字下四个点，光明的光，楷书的楷。”

“谢谢你了，搞同声翻译很辛苦。你去吃点夜宵吧。”

夜宵的味道很好，但我的心情更好。虽然几年不摸外语，但我适应得很快，翻译水平没有下降。更重要的是，叶剑英对我态度很客气，这让我感到很温暖。他是共和国的元帅，主持军委日常工作的副主席。在他面前，我只是一个年轻人，一个很普通的专业军官，但他礼貌地询问我的名字，客气地留我吃饭，由此可见他对人的尊重，对知识分子的尊重。

一个星期后，我又一次走进了元帅家。

叶剑英正在走廊里锻炼身体，见到我，他停下来，说：“别告诉我你叫什么。”略一沉吟，他马上接着说：“你姓熊，熊向晖的‘熊’。”

这一次，我不但是感动，而且是钦佩了。战争年代，叶剑英长期担任参谋长的职务，从红一方面军的参谋长，到八路军参谋长，再到中国人民解放军参谋长，是军中公认的“参座”。参谋的一项基本功，就是事无巨细，了然于胸。叶剑英只问了一次我的名字，便能准确记住，这样的基本功，令人惊叹。而渗透于其中的，仍然是对人的尊重，对知识的尊重。后来我知道，叶剑英还有一位外文秘书，这在老帅中也是罕见的，而他并不把这位外文秘书称为“秘书”，而是称为“Teacher（老师）”，这也反映出他对知识分子的尊重，对国际问题的关注。

叶剑英提到的熊向晖，既是与叶剑英很熟的一位传奇人物，又是当时协助周恩来、叶剑英，参与打开中美外交大门会谈的主要助手之一，因此叶剑英看到我，自然而然地想到了熊向晖的“熊”。

我在叶剑英家做同声翻译，前后长达3年之久，主要翻译英语和德语电影。每次放映电影，叶剑英都会邀请一些朋友和同事一同欣赏，其中不乏赫赫有名的政治家、军事家、外交家。在放映电影前后，他们还会进行话题广泛、无所拘束的轻松交谈。逐渐地，我意识到，对于叶剑英来说，看电影不仅仅是放松身心，陶冶性情，还是一种特殊的交往交流方式。有一次，我去解放军总医院看病，恰好遇到曾经在叶剑英家做过保健工作的马望兰。她告诉我，“四人帮”横行时期，到处弥漫着风声鹤唳的气息，身处高位的叶剑英也不得不处处小心，甚至家中电话机的位置稍有变化，也会引起叶剑英的警惕。在这种情况下，看电影就成了叶剑英与自己信赖的老同事老朋友交流信息、沟通想法的重要方式。后来我想，叶剑英之所以能在关键时刻挽救我们的党和国家，既与他的多谋善断有关，也与他能广泛地进行联络，听取党内老同志的正确意见有关。

在为叶剑英做同声翻译的过程中，我也认识了叶剑英的子女，并与他们有了一些交往。

正是由于我和叶帅的家庭有着比较广泛的联系，所以，在我收藏叶帅盖章书的过程中，虽然遇到了一个意外，但最终仍然修成了正果。我所说的“意外”，其实也不算意外。我先是委托叶帅办公室的张主任在我购买的《叶剑英选集》（人民出版社，1996 年 3 月第一版）上盖章，结果他把“中央军事委员会叶剑英副主席办公室”的圆形公章盖了上去。我没有气馁，又把这本《叶剑英选集》转给叶帅的侄子叶选基。1998 年 11 月 30 日，这本又盖上叶剑英私章的书，回到了我的手中。

此外，我还有两位元帅的盖章书。

我所收藏的《徐向前军事文选》，上面的印章，是徐向前的儿子徐小岩帮助盖的。徐小岩也是一位解放军将军，曾经将他的著作《信息作战导论》（解放军出版社，2000 年 8 月第一版）签名赠我。同样，通过徐小岩，2004 年 9 月 21 日，我又得到了徐向前夫人黄杰亲笔签名的摄影集《徐向前和黄杰》（长城出版社，2001 年 11 月第一版）。这本书上还钤盖了徐向前和黄杰的印章。有意思的是，同样是徐向前的印章，《徐向前军事文选》上的印章是阴文的，《徐向前和黄杰》上的印章是阳文的，二者的字体字形几乎完全相同，构成了一个阴阳互补、你中有我我中有你的整体。

1996 年 7 月，在一次会议上，我遇到了陈毅之子、中国人民对外友好协会会长陈昊苏。由于都是从事外交工作，我和陈昊苏比较熟悉。在谈到我的藏书爱好后，我发现陈昊苏对我的爱好很感兴趣，于是说："搞外交的，既讲究公开发布新闻公报，也讲究密约。我们能不能订个秘密协定？"

"什么秘密协定？"

"请你送给我一本陈老总的著作，盖上他的印章。"我故意压低声音说，"悄悄地，不要让别人知道。"

陈昊苏笑了："没问题。"

"那好，一言为定。"

“一言为定。”

不久，我收到了钤盖两枚陈毅印章的《陈毅诗词全集》(华夏出版社，1993 年 2 月第一版)，其中一枚镌刻的是陈毅的字“仲弘”。陈昊苏还附上一信：“秘密协定已经履行，敬祝建军节快乐！”落款时间是“1996 年 8 月 1 日”。

《陈毅诗词全集》不但汇集了这位元帅诗人的华彩篇章，而且凝聚了陈毅夫人张茜的全部心血。陈毅去世后仅 70 天，张茜也被确诊为肺癌。张茜“强扶病体理遗篇，争取分阴又一年”，倾尽全力编辑整理陈毅诗词。可惜没等到出版，1974 年 3 月 20 日，张茜也离开了人世。1977 年 5 月，人民文学出版社出版了张茜整理的《陈毅诗词选集》。1993 年 2 月，陈昊苏对全书的编排结构做了进一步调整，增加了陈毅早期诗作，并更名为《陈毅诗词全集》，由华夏出版社再次出版。

这是那年建军节，我收到的最好的礼物。

（原载于 2008 年 1 月 27 日《解放军报》第 3 版）

亲历罗瑞卿在德国的最后时光

我在联邦德国担任副武官的时间长达5年，其中经历的罗瑞卿大将赴德治病一事，至今想来仍然历历在目。

那一次，罗瑞卿是到联邦德国治疗“文革”中受迫害致残的左腿。1978年8月2日上午7时，罗瑞卿被推进手术室。过了5个小时左右，手术顺利完成。傍晚时分，罗瑞卿从麻醉中醒来。原以为一切顺利，万没想到，凌晨3时突然传来罗瑞卿突发心肌梗死的消息。等我开车载着罗瑞卿的夫人郝治平赶到医院时，罗瑞卿大将已经永别人间。

罗瑞卿为什么要冒着巨大的风险出国治病？是因为经历了“文革”，国家和军队百废待兴，要干的事情太多；罗瑞卿想在治疗后，以健康的身体拼命工作，把损失的时间夺回来。他曾对家人说，《水浒传》里有个石秀，又叫拼命三郎，我已经70多岁了，我就是拼命主义。

罗瑞卿之女罗点点曾经在文章中写到罗瑞卿拼命主义的工作方式：为了处理排得满满的事务，罗瑞卿每天要工作十几个小时。他常常在办公桌前一连坐上五六个小时。由于腿不方便，长时间保持一种姿势，他常常腰酸背痛，甚至痛得夜里难以入睡，不得不服用大量的镇静剂。为了节省上厕所的时间，他常常一上午不喝水，到了吃午饭的时候早已是唇干舌燥，还没吃饭，就要先喝满满一碗汤。

对于罗瑞卿的拼命主义，我也有亲身体会。他到联邦德国的目的原本是治疗腿疾，可是他刚住下来，就不顾旅途劳累，要我去汇报德国高速公路的情况。当时，罗瑞卿想得最多的，是平战结合的高速公路，平时能够方便快捷地通车，战时能够供部队快速机动。现在我国高速公路总长已超过5万公里，名列世界第二，而在当时，我国连一公里的高速公路都没有。仅仅这一事例，就可反映出老一辈革命者值得我们永远学习的高瞻远瞩。

后来，我一直与罗瑞卿的夫人郝治平保持着联系。正是通过郝治平，我得到了盖有罗瑞卿和郝治平印章的《罗瑞卿》一书。

（原载于2009年12月3日《南方周末》E24版）

“中国的《铁流》”

盖章本《浴血罗霄》是2005年11月我的老秘书朱国荣通过萧克的秘书得到的。当时萧克已经98岁高龄。令我高兴的是，萧克的秘书送来的盖章书有三本之多。我除了自己收藏，还将其中一本赠给我的同事曹彭龄将军，因为曹彭龄是曹靖华之子，而曹靖华是苏联著名革命小说《铁流》的译者。在《萧克回忆录》中，萧克承认，他创作《浴血罗霄》受到了《铁流》的激励，他的目标是使《浴血罗霄》成为“中国的《铁流》”。

在开国上将中，萧克不但军事指挥才能卓越，文学上的造诣也是佼佼者。历时50载创作完成的长篇小说《浴血罗霄》能够荣获茅盾文学奖，这在开国将领中就独一无二。

回顾我接受高等教育的经历，除了学习英语，还有一段学习军事指挥的经历，当时就读学校的校长就是萧克。

1972年，萧克被任命为军政大学校长。在他的主持下，1966年后中断的军事教学在我军最高学府得到了恢复，其中最先开设的课程是“未来反侵略战争初期的战略问题”。1977年年底，以军政大学军事系、政治系、后勤系为基础，分别组建军事学院、政治学院、后勤学院，萧克被任命为军事学院院长兼第一政委。我于1981年参加了军事学院高级系速成班的学习，因而成为萧克将军的一位学生。

治军严格的萧克将军治校也严。给我深刻印象的例子是，我在军事学院的同学李海波由于要出国担任我驻苏联的武官，需要提前毕业，但萧克院长坚持要毕业就必须考试合格。结果，为了李海波一个人，学院专门组织了一次考试。李海波最终取得了优秀成绩。李海波后来回国后曾任沈阳军区参谋长，不幸于1991年因病去世。

令我印象颇深的是军事学院马拉松式的结业考试。我们被封闭在考场内，从上午直到黄昏，连午饭都由专人送进考场。这样严格而漫长的考试，也是我平生所仅见的。可喜的是，在少数取得优秀成绩的学员中，我名列其中。

学习期间，我耳濡目染于萧克的治学治校风格，对他的风范有了直接感受。几乎每天早晨，我们都会在学院的大院里看到萧克腰板挺直，健步如飞，一副典型的武将气概，虎虎生风。我们毕业时，萧克作为院长检阅我们毕业班方队的情景，至今仍历历在目。

（原载于2009年12月3日《南方周末》E24版）

以讲课“换”藏书

2009年10月13日下午17时许，我正在北京市参加一个活动，突然接到了一个令我无比悲恸的消息：106岁的开国上将吕正操与世长辞！吕正操老将军戎马一生，功勋卓著，为世人所仰慕。但对我来说，他赠我签名盖章书的过程至今还历历在目。

我爱好收藏签名盖章书，这个爱好缘起于1994年邓小平同志90岁生日那年。当时，我得到了邓榕赠送给我的签名本《邓小平文选(第三卷)》。在我收藏的过程中，我特别用心搜集包括开国将帅在内的老一辈无产阶级革命家的签名盖章书。因为，是他们缔造了中华人民共和国，使我们的民族开始自强于世界民族之林；同时，他们的伟人风范，也常使我这个晚辈追慕不已。

我得到吕正操签名书的过程令我永远难忘，也使我切身体会到这位开国将军的独特魅力。

我和吕正操的女儿吕彤岩是很熟悉的朋友。1996年，我托吕彤岩办一件事：请她的父亲吕正操在其著作上为我签名留念。签名就是签名嘛，没想到不久后吕彤岩传话说：签名可以，但要上门来取，不但要上门来取，还要“交费”。“交什么费？”我好奇地问。“当然是书费，”吕彤岩先卖个关子，然后又说：“父亲是想让你来和他谈谈国际形势。”

这一年6月份的一天，我应邀来到吕正操的家中。此时的吕正操已经年过九十，但他还是亲自起身迎我。之后，他半倚在沙发上，开门见山地说：“先说说国际形势吧！”

接下来，我先介绍了国际形势的主要特点，之后又介绍了台海局势。吕正操听得很仔细。最后，吕正操说："我们要坚持和平统一，但绝不承诺放弃武力。"整个过程中，虽然是我主要说，他主要听，但我们的交谈既不像上级考下级那样严肃，也不像论文答辩一样宏论滔滔，倒更像是忘年之交的娓娓闲谈。不知不觉，两个小时过去了。吕正操说："好了，今天就谈到这儿。你满足了我的要求，现在该我满足你的要求了。"说着，他在一本《吕正操回忆录》上签了名。

这次接触，使我对吕正操从仰慕变成相识。此后，我还数次登门拜访，特别是夏天在北戴河休假的时候，我常去看望他老人家。他在年过百岁之后，仍然头脑清晰，见到我就很高兴地打招呼，还不时闲谈几句。

共和国开国上将共有57人，吕正操是第一个百岁上将。为纪念吕正操的百岁华诞，解放军出版社将《吕正操回忆录》重新再版。很快，我也得到了新版《吕正操回忆录》的签名本。特别珍贵的是，在我的所有藏书中，这是唯一一本百岁老人在年过百岁之后的亲笔签名本。

2008年10月24日，102岁高龄的萧克将军去世。在世的开国上将中只有吕正操了。这时候，我已经开始有计划地将过去得到的一些签名书补盖印章，以便欣赏这些印章的篆刻艺术。恰巧在2009年2月20日下午，吕正操之子吕彤羽和教育部原副部长吴启迪到我住地谈一项工作。谈完工作后，我拿出吕正操百岁之后签名的《吕正操回忆录》交给吕彤羽，请他补盖父亲的印章。

没过几天，吕彤羽亲自登门，送来了补盖印章的《吕正操回忆录》。与此同时，他还给我发来一封电子邮件，附件里存着吕彤岩在这本书上盖章的照片。照片上，我又看到了吕正操将军。他虽然穿着医院的治疗服，但显然正在侧目注视吕彤岩盖章的动作。这张照片令我大感欣慰，看到他精神尚可，我感到这真是一件幸事。

2009年9月24日，我的新著《藏书·记事·忆人：印章专辑》在庆祝中华人民共和国成立60周年之际正式出版，在北京金台艺术馆举办了首发式，同时展出了我收藏的部分签名盖章书。其中，吕正操的签名盖章书成为我津津乐道地向来宾介绍的一个重点。24日的首发式，吕彤岩来了。27日的嘉宾专场，吕彤羽来了。我把《藏书·记事·忆人·印章专辑》赠送给他们，因为上面不但刊载了吕正操的签名和印章照片，而且刊载了那张吕正操看着吕彤岩为我盖章的照片。

不料仅仅过了20天，巨星陨落，天人永隔。望着刚刚从展厅撤回家中的《吕正操回忆录》，我忍不住一阵阵悲痛：从此再无吕正操将军！从此再无开国上将！但我相信，记载在《吕正操回忆录》中的开国元勋们筚路蓝缕、开天辟地的精神必将永存！

（原载于2009年10月20日《解放军报》第11版）

以钢笔书法入印

多年来，由于工作关系，我在装备科研战线特别是航空航天科技战线上结识了许多朋友，常有聚会。他们之中，包括刘纪原、张庆伟、沈荣骏、沈椿年、王统业、陈达植、胡世祥、王礼恒、栾恩杰、金壮龙、孙来燕、马兴瑞、许达哲等。

这些航空航天界的朋友中，许多人都与科学泰斗钱学森有着这样那样的联系。我最早收藏的钱学森盖章书，就是通过总装备部原副部长陈达植得到的盖章本《钱学森手稿》。但此后不久，在一个偶然的场合，我从301医院老年心血管病研究所王士雯院士处获悉，她参与了钱学森的保健工作。当时我就异想天开地提出，能否把盖章本《钱学森手稿》换成签名本。王士雯答应试试。果真，不久这个盖章本被换成签名本到了我手中。

2009年年初，当我开始为《藏书·记事·忆人：印章专辑》准备素材时，想到了那本得而复失的钱学森盖章书，不禁有些懊悔。恰好此时又有一次航天科技界老朋友的聚会，我很快提前买回两卷本《钱学森书信选》，在聚会时交给了原中华人民共和国国防科学技术工业委员会副主任沈荣骏。

两卷本《钱学森书信选》是手写体10卷本《钱学森书信》的正体选本。手写体《钱学森书信》是“十一五”国家重点图书，收录了钱学森1955年至2000年写给1000多人的总共3000多封信。这些书信反映了钱学森作为一位“自然科学家”运用马克思主义哲学原理对各方面问题的思考，被有关部门认为是记录钱学森为实现中华民族伟大复兴而奋斗的光辉历程的重要载体。

《钱学森书信》是手写体的。《钱学森书信》出版后，应广大读者要求，有关部门又从《钱学森书信》中遴选了2100多封信，用印刷体文字分上、下两卷出版了《钱学森书信选》。

2009年1月17日，我将《钱学森书信选》交给了沈荣骏。2月27日，我收到了沈荣骏寄回的书。

翻开封面，我不禁有些诧异了。遒劲的笔迹，自由舒展的笔画，这不是钱老的亲笔签名吗？我问，是否错把钱老的签名书当成盖章书了？沈荣骏回答说，不，这的确是钱老的盖章，由于年迈，钱老已不便于书写，因此特制了这枚像极了钱老亲笔签名的印章。

平时见过许多用于签署文件的领导人印章，但那些印章大多使用毛笔书法的笔迹。钱学森的印章，是我见到的少有的以钢笔书法入印的。科学家的求实与创新精神，的确不凡。

（原载于2009年11月7日《文汇报》第7版）

德高望重的长者，博览群书的智者

汪道涵老先生逝世距今已经两年了。两年间，我常常会在不经意间想起他，想起他的敦厚儒雅，想起他的博览群书，想起他微笑的样子，想起他专注的眼神。在这篇文章中，我主要写汪老与我收藏签名书的爱好，但也希望通过这篇文章，在汪老百年诞辰之际，寄托我的敬仰之意和缅怀之情。

我爱好藏书，尤爱收藏签名书。我收藏的签名书多达 2000 余册，其中既有中外名人的签名书，也有亲友师长的签名书。而汪老的签名书在我的藏书中具有特殊意义。

这本书是2005年10月23日我在上海瑞金医院当面请汪老签的。这并不是汪老的专著，也不是关于汪老的传记，而是《第二届东方国际学术研讨会论文集》（国际文化出版公司，1999年11月第一版）。汪老博览群书，但对自己的著作却惜墨如金，尽管我曾多方搜集，但始终没有找到汪老的专著。无奈之下，我只好请汪老的秘书代劳，找到这本《第二届东方国际学术研讨会论文集》，因为汪老曾经在这次研讨会上发表演讲，而《第二届东方国际学术研讨会论文集》中收录了汪老的演讲稿。1998年10月，中国国际文化交流中心和日本安田火灾海上保险公司共同在北京举办“第二届东方思想国际学术研讨会”，与会人员围绕东方思想对当代社会以及未来的影响，研究探讨了“为万世开太平”“共生与循环”“兼爱互利”等东方特色的思想观点和伦理道德。在开幕式上，汪道涵做了题为“东亚文明与世界潮流”的特别演讲。

演讲中，汪道涵引用了《中庸》中的“尽人之性而后可以尽物之性”，他说，自从培根提出“知识就是力量”之后，发源于古希腊的科学精神就被人类日益自觉地引入征服自然的过程中去。这是一个“尽物之性”的基本过程。200多年来，这种“尽物之性”的过程已累积产生了巨大的物质文明，从而使人类的生活发生了翻天覆地的变化。现代化是从“尽物之性”开始的，但现代化的圆满却是在“尽人之性”与“尽物之性”的同一、经济和伦理的同一中实现的。

汪道涵认为，2000多年来，人类经历了分解多于协同的历史，然而从孔夫子以来，儒学怀抱的“为万世开太平”之想就一直保留在东亚文明之中，并成为感召人心的一种信念。“为万世开太平”正是人类利益由分解走向合作的理念。中国正在建设有自己特色的社会主义，这个过程也要求我们与所有的人类文明平等对话，以加强交流合作实现双赢互利。汪道涵相信，不同文明的沟通和交融，将使空间上越来越近的人类，在心灵上也越来越接近。

汪老的演讲，带有明显的东方文化兼容并蓄的特点。实际上，兼容并蓄也正是汪老的人格伟大之处。

人们常说，汪老是个奇迹，因为汪老晚年在上海养老，外出走动并不很多，但他却像俗话说的“秀才不出门，便知天下事”，胸怀天下，锦绣万千，仿佛世界万事万物都逃不出他的法眼似的。这样的奇迹是怎么产生的呢？我想主要有两个方面的原因：一是汪老有好人缘，二是汪老有好书缘。

汪老的朋友之多，朋友之广，是很出名的。他善于和各种国籍、各种职业、各个年龄段的人打交道。很多人一见汪老，就立即为之倾倒，输肝剖胆，尽吐胸臆。而汪老又是那么睿智，那么和蔼，那么地知识广博。他永远都是最好的倾听者和谈话者。自从认识汪老之后，我每到上海，或者他每到北京，我都要抽出时间去看望他，和他交谈，倾听他的观点和见解。汪老生于1915年，比我年长20多岁，论年龄，他是我的长辈，我也一直以长辈视他。但汪老并不以年长自居，从他和我谈话的内容、语气、神态，很容易感到，他是把我当成忘年交了。因此，我们之间很少拘束，很少谨言慎行，也就很容易表达彼此心中的真实想法。当然，我们的自由自在的谈话，也使汪老兼听则明，了解到各个方面的不同观点，以便进行自己的判断。

汪老的好书缘更加著名。几乎所有关于汪老的文章，都会写到汪老对书的痴爱。他买书，尤喜亲自去书店翻阅挑选。据说有一次，汪老竟因挑书时间过长而身体不适昏倒在书店里。每到一地，汪老都会尽量抽出时间逛逛当地最好的书店。如到北京，他就常去位于隆福寺附近的三联韬奋图书中心。他读书，常常夜过子时仍然手不释卷，而且他读书的效率很高，厚厚一本书，他不但很快读完，而且能把握书中要脉，记牢书中主要观点。他所说的“读书就是生活”，是传诵很广的名言。他藏书，家中大部分空间永远被书占据，以至他的夫人孙老师曾经悄悄地对客人说少带些书来，没地方搁了。他荐书，每次看到好书，他不但要推荐给相关人员阅读，还要推荐给出版单位，以便让更多普通读者受到知识的滋养。他还以书荐人，据我所知，一位大学教师曾经写了一本很好的书，汪老读了此书后，便将其推荐给外交部。现在，那位当年的大学教师已经成为一位大使。访客熟知汪老嗜书之癖，因此总是以书为礼。我也是如此。每次拜会汪老，我都会给他带去一些书，而我们的谈话，也往往从书开始，进而海阔天空，无所不谈。

我能收藏到巴金的签名书，就得益于汪老的好人缘和好书缘。

有一年，我到上海出差，在看望汪老的时候，专门带了一本巴金的《春》。在和汪老谈完公事之后，我拿出这本《春》说："汪老，巴金老人因病住在医院，想得到他的签名很不容易，我想来想去，只能拜托您了。巴金最著名的作品，是他的'激流三部曲'，包括《家》《春》《秋》。这三本书，我都买了，都想请巴老签名。但因为他年事已高，过度烦劳他，于心不忍，所以巴老如果能签其中的一本，我就心满意足了。'激流三部曲'中，'家'太小了，'秋'太老了。所以，我想请巴老在这本《春》上签名。"

当然，我所说的"家"太小，只是单纯地就字论字，而不是指巴金的小说《家》影响小。实际上，“激流三部曲”中传播最广、影响最大、最广为人知的就是《家》。同样，“秋”太老，也不是说小说《秋》老气横秋，而是说“秋”作为一个季节，使人产生迟暮的寒意。

听了我对“激流三部曲”“强词夺理”的解释，汪老温厚地笑了。“你把书放在这儿吧，我会想办法的。”汪老说。

委托汪老，是正确的选择。不久，我就收到了巴金的签名书。令我惊喜的是，巴金不但在《春》上签了名，在《家》和《秋》上也签了名。我只把《春》给了汪老，巴金怎么会在《家》和《秋》上也签了名呢？原来，汪老想让事情做得更圆满一下，就自己掏钱，另给我买了一套“激流三部曲”。而且我交给汪老的《春》是简装本，而汪老自己掏钱买的“激流三部曲”却是精装本。

这令我更加感动，更感温暖。

然而这样一位博览群书的睿智长者，等我要搜寻著作请他签名时，却只能找到一本薄薄的《第二届东方国际学术研讨会论文集》，这让我对汪老的为人和行事有了更深的感悟。

瑞金医院汪老的病房里，种着两盆蝴蝶兰，这是汪老喜爱的花卉。在花木掩映下，汪老的神情从容安详。我送上一些野山参和鲜花，对汪老说："我到上海出差，顺便来看望您。"汪老客气地表示感谢，接着他介绍了自己的病情。他说："我得的不是肿瘤，不是癌症，而是十二指肠出了毛病，要治疗几个月。"汪老的语气很轻松，但我心里却是一阵阵绞痛。因为与汪老所说相反，我已经获悉他得了不治之症，而我也不是如我所说，是到上海出差顺便探访，实际上我是专程从北京赶到上海见汪老最后一面的。看着汪老病中略显疲惫的样子，我的心中泛起阵阵不舍之情。但怕影响汪老休息，没坐多久我就起身告辞了。汪老要送我出门，被我极力劝止了。"汪老，祝您早日康复！"说着，我不禁眼眶发涩，鼻子发酸。

这是我最后一次见到汪老。就是在病床上，汪老躺着在《第二届东方国际学术研讨会论文集》扉页上签了名。

两个月后，噩耗传来，汪老于2005年12月24日7时12分在上海逝世，享年90岁。12月30日，汪老的遗体在龙华殡仪馆火化。我和夫人寿瑞莉专程从北京赶到上海，送汪老远行。通往殡仪馆的路上，摆满了花圈，很多花圈是敬爱汪老的朋友、晚辈甚至素不相识的普通市民自发献上的。汪老的遗体安卧在鲜花翠柏之间，身上覆盖着鲜红的党旗，大厅里回旋着汪老生前喜爱的音乐。

由于汪老的影响力，汪老的去世不仅在国内引起震动，许多外国媒体也对汪老的去世进行了大规模报道。《参考消息》报选登了一些海外媒体的报道，其中有一张汪老遗体告别仪式的照片，上面有一个人的背影，那就是我。

时光荏苒，2007年8月，我在翻阅香港出版的一本杂志时，突然看到一则简短的书讯，说是有一本汪老的纪念文集在香港出版了。我立即请人去香港帮忙购买，大约过了两个星期，书买到了。书名是《老先生》

（香港世纪出版有限公司，2007年6月第一版）。出版者据《辞源》《辞海》解释说，年高博学者称老先生，并引王世贞《觚不觚录》中的话说："京师称位极尊者曰老先生。"

这本书汇集了众多爱戴汪老、敬仰汪老的人士撰写的回忆文章。在前面的彩色插页里，还有一张我陪同美国国防部长科恩在上海与汪老会见的照片。这张照片记录了汪老对中美防务和安全交流的贡献。

长者之风，山高水长。虽然汪老已经离我们远去，但他的品德、修养，他的睿智、渊博，仍将垂范后世，激励来者。

（原载于2007年12月24日《解放日报》第15版、香港《文汇报》第A17版）

莫道岁月不留痕

中央军委原副主席张万年是我的老领导。1992 年 10 月，他从济南军区调到北京，担任解放军总参谋长；1995 年 9 月任军委副主席，直到 2002 年 11 月才从军队领导岗位上退下来。在此期间，我一直在张万年的领导下工作，对张万年既尊重又熟悉。《张万年军事文选》、《张万年传》（上、下）出版后，我们夫妇都收藏了签名本。

收录在《张万年军事文选》中的第一篇文章，是

1966 年 5 月 9 日张万年发表于《解放军报》上的《全局的赢才是最大的赢》。在这篇文章中，当时担任广州军区“塔山英雄团”团长的张万年在总结塔山阻击战有关经验的基础上提出：“要树立顾全大局的思想，服从全局，以全局的胜利为胜利。这不仅是一个军事指挥原则，也是一个政治原则。掌握这个原则，我们就能永远打胜仗。”

发生在 1948 年 10 月的塔山阻击战是我军历史上规模、时间、残酷程度均罕见的坚守防御战。张万年当时作为通信股长参加了从头至尾 6 天 6 夜的艰苦卓绝的血战，塔山因此成为张万年一生中魂牵梦萦的地方。我清楚地记得我于 1995 年陪同张万年到塔山缅怀先烈的情形。塔山的地名里虽然有一个“山”字，但实际上只是一片起伏不大的丘陵，并不是真正的山，不能构成坚守防御的险要地形。但张万年和他的战友们硬是在无险可守的情况下创造了惊天地、泣鬼神的英雄业绩，保障了锦州战役全局的胜利。战后，当时的四纵领导发誓死后葬在塔山，与烈士们长眠在一起。

果然，几十年后，吴克华将军、莫文骅将军、胡奇才将军、欧阳文将军等都选择塔山作为他们的埋骨之地。我在塔山陪同张万年瞻仰了纪念碑，拜谒了战场遗址。后来，张万年还题词“塔山精神，永放光芒”。

如果说塔山精神代表着战争年代的解放军精神，那么，“九八抗洪”精神可以说就代表着和平建设年代的解放军精神。在建军80周年之际，中国集邮总公司发行了一套10枚纪念封，选择了建军80年来10件重大事件印在纪念封的封面上，其中就有一枚“九八抗洪”。买到这套纪念封后，我们夫妇立刻想到要请张万年签名，而且最好签在“九八抗洪”的纪念封上，因为张万年当时是协助江泽民主席指挥抗洪斗争的军委副主席，而抗洪抢险斗争最终形成了“万众一心、众志成城、不怕困难、顽强拼搏、坚韧不拔、敢于胜利”的伟大抗洪精神。后来，我们很高兴地得到了张万年的这个签名件。

张万年退下来以后开始每天练习书法。“塔山精神”“铁军雄风”“军魂”这几幅字，是他经常写的。

我每逢过年都会向张万年拜年。有一次，我给张万年拜年时，畅谈起人生，他把自己的人生概括为三句话："苦难的少年，坎坷的中年，幸福的晚年。"在《张万年传》中，这三句话都得到了比较充分的体现。张万年还把自己退休后的每日生活编成《一日歌》："早起晨练，吸天地之气；读书挥毫，铸高尚情操；园中散步，赏自然美景；阅文看报，观天下大势；育果养鱼，为赏心悦目；会友待客，叙同志情谊；闲时打'雀'，练脑聪手敏；偶尔出行，领山川神韵；听戏看剧，承中华文明；家人共聚，享天伦之乐。"我很喜欢这首《一日歌》，因为对于我们退下来的老同志而言，这也有很好的教益。

（原载于2012年7月28日《解放军报》第8版）

诗词国度识马凯

马凯同志原籍上海，但却是1946年6月出生于山西兴县的一个八路军医院里。父母为他起名“凯”，以纪念抗日战争的胜利。后来，马凯发现，他的名字恰合唐代诗人宋之问“闻道凯旋乘骑入，看君走马见芳菲”的诗意。

近年来，我不但收藏了马凯的签名书，而且收藏了马凯的签名纪念封。收录在我的新著《藏书·记事·忆人：签名封专辑》中的马凯签名纪念封，是北京四中八十周年校庆纪念封。北京四中是名校，创建于 1907 年，初期为顺天中学堂，1912 年改为京师公立第四中学校，1949 年定名为北京市第四中学。多年来，北京四中为国家培养了大批人才，形成了爱国、勤奋、进取、严谨、刻苦和朴实的校风。马凯在北京四中度过了六年中学时光。毕业后，他因病未参加高考，便留在四中任教。后来，马凯回忆说，四中“不仅给了我较为扎实的基础知识，更重要的是给了我独立获取和掌握知识的能力”。我想，马凯对诗词的爱好和锤炼，除了家庭的影响，恐怕也离不开四中的熏陶吧。

除了签名邮封，我们还收藏了多本马凯签名书。其中，较早的一本是 2003 年 8 月我和马凯一起参加会议时他赠送给我的诗词集《行中吟》。2009 年 4 月 26 日，公务繁忙的马凯又抽出时间和夫人袁忠秀来我家喝茶，将《马凯诗词存稿》（增订本）、《改革：参与和思考》和《读马凯先生诗词》三本书签名盖章后赠送给我们，马凯称此为“以书会友”。

这些书反映了马凯从政之余的两个生活方向：理

论研究与吟诗作词。

1979年，马凯考入中国人民大学政治经济系攻读研究生，他将研究方向集中于价格领域。毕业后，他被分配到国家物价局从事研究工作，参与了国家价格改革方案的研究设计工作。收录在《改革：参与和思考》中的早期论文，就是关于价格的。后来，马凯虽然离开了专业的理论研究领域，而投身于理论与实践相结合的价格调控、管理、监督等“实际经济运行中”，但早期理论研究打下的良好基础，使他的实践具有更好的全面性和战略性，并为之后在国家经济工作的领导岗位上履行职责做了重要的铺垫。

以上所述工作，是马凯可能较为人知的一面。我想重点写写马凯比较不为人知的另一面：吟诗作词。

坦率地说，读到马凯诗词之前，我没有想到马凯对诗词的研究如此之深，浸润如此之久，诗词的格调如此之高，意境如此之美。最早的《行中吟》，我一口气就读完了，因为其中的诗词数量不多，明白晓畅，让人捧起来就不忍释手。《马凯诗词存稿》选录的篇章较多，分为“感悟”“沧桑”“寄情”“览胜”四类，大致涵盖了马凯喜欢吟咏的主要题材。

我很喜欢马凯的《山坡羊·自在人》：

胸中有海，眼底无碍，呼吸宇宙通天脉。伴春来，润花开，只为山河添新彩。试问安能常自在？名，也身外；利，也身外。

马凯的诗词很注意意境，如《天净沙·巴中池园农家》：

春风云路人家，绯桃白李黄花。小院修竹新瓦。荷塘月下，陶公也想听蛙。

诗人刘征评论说，这首小令“是一幅明丽清新的田园风景画”，特别是“陶公也想听蛙”一句，“异想天开，妙趣盎然”，可作马凯的“压卷之作”。

我还喜欢马凯的组诗《读书者言（十首）》：

润雨春风何惬意，良师益友伴终生。

——《书籍》

一目十行随意翻，日积月累眼天宽。

——《泛读》

似无疑处敢存疑，细辨求真韧不够。

——《好问》

这些诗句，也与我的读书感悟息息相关。从这些诗中，可以看出，马凯的写诗，与爱书是统一的。实际上，2009年4月26日，马凯偕夫人来我家中做客，一个主要目的，就是看看我的地下室书库。因为我爱好藏书，家中的书堆得很满，就产生了如何高效整齐收藏这些书的问题。我参考档案馆的办法，在地下室的一间房里铺设了轨道，上面密集排列的书架底部均装有滑轮，使书架与书架之间可以随意开启关闭，变平面存书为立体存书，大大提高了空间的利用率。有一次，我对马凯说起这个办法，从而引起他来看一看的兴趣。

我认为，马凯的写诗，与他的为人处世也是统一的。著名学者冯其庸评论说，马凯的“诗之所以感人者，以其情真而意切也。马君身在高位，与之接，诚朴如乡人；与之遇，衣饰在众人之中；与之叙谈，虽初识亦温煦如坐春风，故其为诗也真而且醇”。2012年5月13日，我们夫妇与中国国际战略学会高级顾问潘惠忠将军夫妇一起，驱车去通州看望德高望重、已年近九十的冯其庸老人。他还对我们谈到马凯的诗词，赞扬他的诗词很有功底。但马凯很自谦。他多次表示，“于诗词之道，我仍是一只脚在门外，一只脚正迈向门内”。虽然如此，他认为，写诗最重要的是：“诗人首先应该是一个真正的人。”

“感而生诗，诗而会友，相通相长，人生乐事。”这就是马凯丰富的诗词人生。

（原载于2012年11月26日《人民日报》第24版）

第三辑

文苑篇

金庸赠我一箱书

我虽很少读武侠小说，但对金庸却是久仰大名。在中国，又有谁不知道金庸呢？在宋代，柳永的词传播很广，于是有了“凡有井水饮处，皆能歌柳词”的说法。这个说法现在常常被改成“凡有华人处，就有金庸小说”了。

我不仅知道金庸的大名，而且还想得到他的签名书。于是，我找到了时任中央统战部部长的刘延东同志。刘延东与港澳各界人士有着广泛联系。我请刘延东在金庸访问北京的时候，安排我请他吃一次饭。此后不久，宴请的事就定了下来。

金庸气质雍容大方，始终面带微笑，给我一种非常友好而且善解人意的印象。作为小说家，他非常有名；作为报人，他也以查良镛的本名闻名香港报界。1985年他出任香港基本法起草委员会委员，1986年被任命为基本法起草委员会“政治体制”小组港方负责人，所以他对香港回归有着许多独到的见解和看法。而我恰好对香港问题也有所研究，所以我们在谈到香港问题时，找到了共同话题。金庸带着明显的江浙口音。他不说话则已，一说起话来语速很快，密不透风，这显然得力于他思维的敏捷和活跃。

为显示索取签名书的诚意，我专门请来了空军政治部歌舞团的著名歌唱家佟铁鑫。没想到，佟铁鑫是个金庸迷。他说，他最喜欢的书籍，就是金庸的小说了。席间，他用雄浑的男中音演唱了一首根据金庸小说改编的电影的插曲。

这次聚餐，让我索要其签名书的愿望得到了超乎想象的满足。我原来只想收藏一本金庸的签名书，没想到，我却收到了满满一箱书——总共36本的金庸作品集，从《书剑恩仇录》到《鹿鼎记》，囊括了金庸的主要武侠小说。

金庸的签名留在了《书剑恩仇录》上册扉页上。他不是直接签在书页上的，而是先签在一张烫金镶边的签名纸上，再贴到扉页上的。在金庸签名的边上，加盖了一枚小小的印章。

这套金庸作品集由香港明河社出版有限公司出版，初版于1976年12月，我收到的是1997年5月的第18版。与内地的版本相比，香港的版本在最前面几页增添了多幅与书中内容有关的绘画作品。以《书剑恩仇录》上册为例，封面选用的是金庸收藏的黄胄绘制的《维吾尔族少女》，扉页上盖有“西泠八大家”之一——黄易的印章“登山观海”，插页中还有《乾隆采芝图》《乾隆游江南图》《乾隆阅射图》《乾隆南巡阅兵图》等。喜欢考据的读者看完小说后如果再对照着看看这些绘画作品，一定别有一番滋味。

至于我，直到今天还没有抽出时间好好阅读那一箱子金庸的武侠小说。也许有一天，当我再老一些，我也会打开书箱，看看这些成年人的童话。

（原载于 2008 年 1 月 17 日《新民晚报》B8 版）

跨越世纪的美丽

2009年2月的一天下午，我和夫人借出差上海的余暇来淮海路购物。我们想要买一本秦怡的书，就走进一小书店。天遂人愿，这里恰巧有一本秦怡的书。离开上海时，我把这本书交给上海的朋友，并说："秦怡是我喜欢并钦佩的老一辈电影艺术家。我在北京多次见过她，与她合过影。请你们设法请她签名盖章。"

为什么我会专门想到秦怡的签名盖章呢？话要说回到2008年5月。2008年5月12日，四川汶川发生特大地震，造成严重的人员伤亡。全国都动员起来，抗震救灾，奉献爱心。5 月 16 日，电影界举行赈灾义演，秦怡当场表示，她要捐献 20 万元。秦怡的义举感动了在场的所有人。人们都知道，87 岁高龄的秦怡，在风华正茂的时候，拍电影的酬劳并不高，如今主要靠工资生活，这 20 万元几乎相当于她的全部积蓄。

后来，在接受采访时，秦怡说："我的确是靠工资过日子，但就算是捐光了所有积蓄，不是还有下个月的工资吗？虽然我们现在年纪大了，拍戏少，收入也不多，但捐这些钱对灾区真的不算多！"她还说："我 15 岁的时候参加过上海红十字会。那时候战争还没完全结束，我在红十字会的急救点帮忙抬担架。当时我身体很好，但人家嫌我年纪太小，只肯让我参与包扎。如果时光倒流 50 年，我一定会去前线抬担架……"

2009 年 4 月下旬，我再次到上海出差，拿到了秦怡签名盖章的《跨越世纪的美丽》。

（原载于 2009 年 10 月 29 日《新民晚报》B8 版）

搏击艺术人生

1928年，田华出生于河北省唐县一个农民家庭。她是一个典型的红小鬼，12岁的时候就参加了晋察冀军区抗敌剧社，被编入舞蹈队，参加跳舞、唱歌和儿童剧的演出。田华早期的演艺生涯，主要与戎马倥偬的军旅生涯相结合。在人民军队开赴前线的征途中，在战后休整的广场剧院上，田华演出过话剧、京剧、河北梆子剧等，用文艺作品为部队增强战斗力做贡献。

田华银幕生涯的第一步，同时也改变了田华的人生。1950年，田华被选中饰演电影《白毛女》中的喜儿。当时，歌剧《白毛女》已经在各个解放区广泛上演，并获得了极大成功。田华所在的部队文工团也早就演出过《白毛女》，但扮演喜儿的并不是田华，她只在剧组里担任场记、化装。1950年，田华被借调到东北电影制片厂拍摄影片《白毛女》。影片公映后，轰动了全国，当时最著名的电影杂志——《大众电影》为田华发了一期专刊。就这样，田华从一名默默无闻的部队文艺工作者，一下子变成了全国知名的电影明星。直到今天，提起田华，人们想到的第一个银幕形象，往往也是白毛女。

今天，年逾八旬的田华依然活跃。虽然不拍电影了，但她作为中华人民共和国第一代电影人的一个代表，仍不断出现在各种活动中。银白的头发，慈祥的笑容，是田华的标志。每当看到她，人们就会自然联想到那个火热年代里广为传播的一个个艺术形象。我曾多次见过田华，2008年4月，经朋友帮忙，我让秘书专程赶到八一电影制片厂的田华家里，请她在《搏击艺术人生》上签名盖章。

（原载于2009年10月29日《新民晚报》B8版）

永恒的明星

一位电影艺术家被观众所喜爱，能到什么程度？王晓棠的一段经历就很有典型性。

湖北姑娘沙柳从小就喜爱收集照片，当她上小学时在同学的书本里第一次看到王晓棠的照片时，就被王晓棠的银幕形象打动了。从此，她开始看王晓棠的电影，收集王晓棠的照片和资料。后来，她知道了王晓棠的通信地址，就坚持每年三八妇女节给王晓棠寄贺卡，一连持续了多年。

2004年5月，王晓棠应邀参加中央电视台《与您相约》节目的拍摄，沙柳也受到邀请，成为一名现场观众。这是她第一次，也是迄今唯一一次见到心中偶像的机会。节目录制结束后，王晓棠送给现场观众每人一本2002年第19期《大众电影》，上面刊载了长篇报道《王晓棠故事：跋涉出美丽人生》。

这次见面令沙柳的心情久久不能平静。看了《大众电影》的长篇报道后，她对王晓棠有了更深的了解。同时，她对王晓棠的崇敬之情也由此加深了。此时的她已经走上了文学诗歌创作的道路。她于是下决心：根据《大众电影》的长篇报道，再运用自己的文学与诗歌想象力，为王晓棠写一本诗集。

2005年年底，诗集《永恒的明星》由中国文联出版社出版，诗集中的123首诗歌，全部是歌咏王晓棠的。

《大众电影》中的报道占据了14页篇幅，而《永恒的明星》厚达126页。在《永恒的明星》的封底勒口处，印着王晓棠的一句话："我只是想要走一条向上的路来回报抚育我的人民。"

2009年端午节，王晓棠也将2002年第19期《大众电影》签名盖章后送给我。

对于王晓棠，我是非常熟悉的。早在1962年，由周恩来总理亲自选定的22位人民演员的大幅照片，悬挂在全国的主要影院里，这其中就有王晓棠。当时，秦怡和田华也在22位大明星之列。秦怡是来自上海，中华人民共和国成立前就出名的；田华是来自解放区的文艺工作者；而王晓棠是中华人民共和国成立后成长起来的电影演员，她在《神秘的旅伴》《边寨烽火》《英雄虎胆》里饰演的角色，受到了人们广泛肯定。

王晓棠后来担任八一电影制片厂厂长，成为一位女将军。在我收藏的《中国女将军》一书中，就曾留下她的签名。

（原载于2009年10月29日《新民晚报》B8版）

瓜红叶老人何在　六十年前乞食时

久闻冯其庸作为红学专家的大名，2008 年 4 月 26 日上午，我在国家图书馆参加部级领导干部历史文化讲座，很高兴地听到了冯其庸对《红楼梦》的讲解。他说道，曹雪芹的祖籍应为辽阳，而不是许多人认为的丰润。为了证明自己的论断，他还曾数次亲赴辽宁，考察那里发现的碑刻。

讲座结束时，我立即拿着冯其庸的《解梦集》请他签名。回家后我细看《解梦集》，读到了冯其庸考察碑文的相关内容：他在接到碑刻相关消息后，立即赶到辽阳，查看原碑，并拍下照片。此后不久，又发现一碑，冯其庸再次来到辽阳，验证了新碑残存文字中的曹雪芹先祖姓名。验碑完毕后，他得知另一所小学还有一块直立的大碑。于是他又来到小学，借用学生的课桌，站在课桌上，仔细看碑文，最终确认碑上人物也有曹雪芹的同族先人。

这段叙述，增加了我对文史考据工作的了解，使我对冯其庸为求学问真谛不辞辛劳亲临现场的严谨态度深深感到佩服。

2009 年 2 月 26 日，我在潘惠忠将军的陪同下，来到北京通州区的芳草园，经紫砂陶瓷艺术家高振宇引见，拜访了冯其庸。

冯其庸的居处仿佛一间艺术博物馆，摆满了古董文物、书籍字画。冯其庸是饱学之士，他屋中之物，可以说无一物没有来历。如“瓜饭楼”题匾，是刘海粟 94 岁时题写的；“宽堂”二字，是文化老人朱屺瞻题写的。我们还欣赏了一把高振宇烧制的紫砂壶。

壶身上是冯其庸手书的自作诗：

老去种瓜只自痴，
枝枝叶叶尽相思。
瓜红叶老人何在，
六十年前乞食时。

这首诗写的是冯其庸幼时家贫，以南瓜为饭，至老仍不能忘却。冯其庸的诗作手迹是由紫砂大师徐秀棠以铁刀代笔刻上去的。

令我没有想到的是，冯其庸告诉我，他也曾经是解放军战士。1949年，冯其庸的家乡江苏无锡解放时，冯其庸就参了军。后来部队要向大西南进军，把他留下来教书。一年后，由于地方工作的需要，冯其庸才离开部队。在治学方面，冯其庸不但精研《红楼梦》，是公认的红学大家，而且对古代文学、文化艺术，以及西部历史文化的研究也为世公认；另外，他的书画与摄影作品亦独具风格。可以毫不夸张地说，他是一个功力精湛、学问广博的大学者。在80多岁高龄时，冯其庸还亲自到罗布泊、楼兰考察。

临别时，冯其庸又为我带去的一本《解梦集》签名盖章，还将最新的《瓜饭集》签名盖章赠送给我。冯其庸以“瓜饭楼”为斋名，目的就是为了不忘自己的贫苦出身。他说:“我是耕地出身,现在还是个农民。”

（原载于2009年10月30日《新民晚报》B8版）

梅府遗印

北京后海附近的大翔凤胡同，是一处典型的老北京胡同。窄窄的巷道，两边青砖灰瓦的寻常百姓家，大槐树伸展枝叶遮蔽着道路。就在这条胡同深处，有一处200多年的贝勒府。一棵200多年树龄的大枣树，见证着悠久的历史。现在，这所老房子更加为人所知的，是它与戏剧大师梅兰芳有了联系，成了一个以淮扬菜为主，清淡健康，环境幽静、雅致的酒家：梅府家宴。

2009年6月14日晚，应梅兰芳之子梅葆玖之约，我与国台办主任王毅、卫生部副部长黄洁夫、周恩来总理的原外事秘书钱嘉东等，到梅府家宴小聚。悠扬的西皮二黄之声在这座院落里回旋，我们又听到了醇厚流利的梅腔梅韵。这里的经理被称为管家，他领着我们一面欣赏梅兰芳的唱腔，一面参观墙上挂着的梅兰芳老照片，不自觉地走进梅府的包间。这里的陈列也有私宅的韵味，房间不大，家具样式古旧，而在古旧中透着整洁、干净、舒适。餐桌是长方形的，上面摆着一把打开的折扇——当晚的菜谱就由这里聘请的老先生用毛笔写在扇面上。这种别具一格的菜谱，也是这里为客人准备的别具一格的小礼物。

这次愉快的聚会，梅葆玖给我带来了一套《舞台生活四十年：梅兰芳回忆录》，并在上面签名盖章。

由梅兰芳本人编写自己的艺术回忆录，是他在世时京剧界人士的共同愿望。抗日战争期间，梅兰芳从香港回到上海，许多朋友对他旧事重提，他想到自己的一些往事已经逐渐淡忘，一些朋友散居南北，一些材料有可能散失，于是感到了编书的必要。1950年6月间，梅兰芳到了北京，住在远东饭店。有一次，他与秘书许姬传又谈到了写书的计划，并预备由梅兰芳口述，许姬传记录整理，采用细水长流的方法，慢慢累积完成写作工作。此后不久，《文汇报》约梅兰芳写一篇回忆舞台生活的长篇文章，恰好与梅兰芳此前的想法不谋而合，于是促成梅兰芳定下写作的决心。

在此后的一年时间里，梅兰芳每天晚上演出结束，就与许姬传对坐长谈至通宵达旦。许姬传整理完毕后，又寄给他的弟弟许源来，由许源来与几位朋友斟酌取舍，整编补充。1950年10月16日，梅兰芳回忆录在《文汇报》正式刊登，共连载190期。1952年，由平明出版社结集出版了第一集，书名为《舞台生活四十年》。此书出版后一年之内连印三次，成为当时很受欢迎的畅销书。1954年，平明出版社又出版了第二集。

1961年8月8日凌晨，梅兰芳去世。当时，国务院让文化部和中国戏剧家协会组织十项纪念活动，其中包括出版《舞台生活四十年》第三集。但不幸的是，后来由于“十年动乱”，第三集的稿件遗失，特别是其中未在报刊上发表过的梅兰芳第一次到日本演出中国戏曲的部分，完全失去，无法找到。直到1981年3月，《舞台生活四十年》第三集才由中国戏剧出版社出版。

《舞台生活四十年》以梅兰芳个人生活经历为辅，以他的艺术探索为主，同时介绍了大量戏曲史料，是一部了解京剧梅派艺术和京剧发展历史的重要理论著作。由于采用梅兰芳口述的方式，读起来明白晓畅，通俗易懂，有利于读者把握梅派艺术门径的奥妙，因而，《舞台生活四十年》是一部不可多得的好书。

梅葆玖赠送给我的《舞台生活四十年：梅兰芳回忆录》是三集的合辑，由团结出版社重新排版印刷，里面配有的大量插图，丰富了整部书的内容。

与梅葆玖聚会之后不久，梅葆玖的外甥、中央电视台戏曲频道的范梅强给我拿来几方印章，说是家里传下来的梅兰芳遗印。其中，“幻出岁寒身”之印，由近代著名篆刻家易大厂刻。“幻出岁寒身”的边款上有“涪”字，指宋代著名诗人黄庭坚，因为黄庭坚晚年号“涪翁”，“幻出岁寒身”之句就出自黄庭坚的诗句。

我把这方印章也盖在《舞台生活四十年：梅兰芳回忆录》上，虽然得不到梅兰芳姓名印章的加盖，但能盖上这枚印章，也算偿了我的愿望。

（原载于2009年11月7日《文汇报》第7版）

知君两件关心事　世上苍生架上书

我于南怀瑾，闻名早于见面。很久以前，就有朋友为我搜集到南怀瑾签名的书，有的书上还礼貌地写上了我的名字。2008 年夏，苏州工业园区的朋友潘昱兵来访，谈到南怀瑾定居于苏州吴江庙港，我便请潘昱兵把我的著作带给南怀瑾以致回礼。不久以后，潘昱兵回复说，南怀瑾很愿意与我见面。于是约定，我去苏州时将专程拜访南怀瑾。

2009 年 2 月 14 日下午，在潘昱兵的陪同下，我来到苏州吴江庙港镇的太湖大学堂，南怀瑾就在这里工作、讲学、修身养性。

我们到的时候约在下午 4 时。南怀瑾的一些朋友及工作人员首先接待了我们，并引导我们仔细参观了太湖大学堂。

太湖大学堂占地面积广阔，一些工程还在施工阶段，但其中多是圆形的设计思路，似乎传达着南怀瑾的一些哲学思想。我们沿着太湖湖堤参观了大学堂的自然景观，又走进主楼参观了禅修与讲课的会场，接着来到南怀瑾静修的小楼。

南怀瑾的藏书也在这幢楼里。陪同我们的朋友说，南怀瑾共有 20 万册藏书，运到苏州时动用了整整一个集装箱。这些书集中放在同一层楼里，走廊里、房间里，全是书，分门别类，码放得很整齐，这些书就可以让我们看出南怀瑾学识的渊博。南怀瑾的客厅也摆满了书，有一些书刚看了一半。这些书并不都是古书旧书。他的书桌上甚至还有最新出版的金融危机方面的书。

我们正在参观时，南怀瑾到了。91 岁的南怀瑾身穿青色棉袍，看起来非常精神，稍微稀疏的头发短而整齐，一双眼睛炯炯有神。接待我们的人说，南怀瑾一直穿着中国传统的长衫。

简短寒暄后，我们来到太湖大学堂的餐厅，与南怀瑾共进晚餐。这是一间大餐厅，我们没有搞特殊化，只占据了其中一桌，而且也没有打扰其他餐桌的就餐人员。南怀瑾虽然年逾九旬，但记忆力好，谈锋甚健。当我谈到我收藏签名盖章书的爱好时，他说："我送你两句话，这是古人的话，转送给你。"说着，他就拿起笔，龙飞凤舞地写下：

知君两件关心事

世上苍生架上书

与南怀瑾交谈，信息量大，知识丰富。经史子集、佛学道学，他都能信手拈来，加以引用。当我提出请他盖章时，他不但拿出了姓名章，还让人拿出一方言志章拓印送我，上面刻着："愿天常生好人，愿人常做好事。”此椭圆形朱文闲章刻得非常精彩，印文虽有12字之多，但因巧妙筹划，随形分布，丝毫不显拥挤。全印以圆朱铁线为范，篆法结体谨严，书意盎然，匀称灵动，富于变化。考虑到印面空间、“愿（願）”字采用简省写法，省去“页字旁”(“愿”篆作“原”)。印文中相同之字皆有变化，绝无雷同，清新典雅之气跃然眼前。

不知不觉已近深夜。我们不便打扰太久，起身告辞。

这一天，我共得到三本签名盖章书。除了《禅与生命的认知初讲》，还有《人生的起点和终站》(上海人民出版社，2008年4月第一版)、《黄帝内经与生命科学》(东方出版社，2008年7月第一版)。南怀瑾著述丰富，在《禅与生命的认知初讲》上，我看到“南怀瑾先生著述系列”共有43种之多。以他目前的精神、体力状况，相信他还会有更多著作出版。

（原载于2009年11月7日《文汇报》第7版）

军旅书法的重镇

自古以来，书法就与军旅生活有着密切联系。“书圣”王羲之并非只是一介书生，他在军中担任右将军，因此史称“王右军”。楷书四大家之一的颜真卿虽然是进士出身，但在安史之乱中，他整军平叛，统兵数十万，被推为联军盟主，横扫燕赵。

我军在苦难中铸就辉煌，军旅书法也在书法界独树一帜。著名的将军书法家舒同，戎马生涯，历经百战。他不但书法蜚声军队内外，还首创了“七分半”的“舒体”，被毛泽东称赞为“党内一支笔，红军书法家”。在当代，曾担任中国书法家协会副主席、被中国文联主席孙家正称为“著名书法大家”的李铎，现任书法家协会副主席的申万胜，都以其充满军旅阳刚之气的书法备受赞誉。

我爱好收藏签名书。在我的藏书中，就包括李铎和申万胜的签名书法集。打开他们的书法集，笔墨纵横间，仿佛有千军万马列阵迎敌，军人气魄与书法艺术融会贯通，不愧为当代军旅书法的两座重镇。他们的书法艺术，既体现了军旅书法家的实力和水平，又继承并开创了军旅书法新的辉煌。

李铎：书法大家，书坛盛景

我的家里挂着一副李铎书写的对联，内容是鲁迅的诗句：

心事浩茫连广宇

于无声处听惊雷

那是1988年，我的一位喜欢书法的朋友，为了鼓励我努力工作，专门请李铎为我写的。这副对联交给我以后，被卷起来放了20多年。我退休以后把这副对联找出来。原先白皙的宣纸已经泛黄，但我觉得更加厚重了。我想，我长期从事军事外交工作，即使退出了领导岗位，作为一名老党员、老兵，我仍然应该关心国家大事、天下大事，还要“心事浩茫连广宇”；同时，因为已经不在现职了，所以我是“于无声处听惊雷”，不在其位而心系天下，密切跟踪国际形势的风云变幻，热切关注我国改革开放取得的新的辉煌成就。由于这副对联特别适合我现在的生活状况，我就把它们挂到书房，作为座右铭，用以自勉。

虽然我和李铎同在军旅，这些年也不时见面，但我从来没有直接请他为我个人写过字，倒是有一次别人托我向他讨字，我把话传过去，李铎很爽快地答应并且很快就写好了。

李铎不愧为书法大家，他的书法以行草最富特色，他常以魏碑、隶书笔意入行入草，古拙沉雄，遒劲奔放，气势恢宏。作为一名毕生从戎的军人，李铎非常钟爱《孙子兵法》。我收藏的李铎签名书法集，就是解放军出版社1997年7月出版的《李铎书〈孙子兵法〉碑拓全集》。

这部《孙子兵法》的书法，写于1994年，当时写在158张宽70厘米、长140厘米的宣纸上，总长220米。熟悉书法艺术的人都知道，长卷的书写需要高超技巧，既不能松散泄气，也不能拥塞沉闷，最怕前后不协调不连贯。李铎用行草写就的《孙子兵法》，6000多字，1000多行，自始至终既风格一致，浑然天成，又仪态万方，变化无端；连绵中寓畅达，凝重中见飞动；茂密葳蕤处如森林树海，疏朗开阔处如草原绿洲。它的书写成功，既是当年的书坛盛景，也成为李铎书法艺术的巅峰。启功赋诗赞曰："鸿都门下中郎笔，视此豪情逊不如。"

《孙子兵法》是举世公认的人类古代军事思想的

高峰，它所揭示的战争规律历久弥新，散发着永恒的魅力。我在工作中，曾多次在外交场合，向外国朋友介绍《孙子兵法》中阐述的将军基本素质的五个字标准：智、信、仁、勇、严。为将者，必须有智慧，否则不足以取胜；必须讲信用，否则不足以取信于兵士；必须仁义，否则兵士不会知恩图报，慷慨赴死；必须勇敢，怯懦畏战必然失败；必须严格，没有纪律就没有胜利。这五个字，言简意赅，既容易理解，又容易记忆。一些外国朋友听到后就能迅速背下来，有的甚至还让我把这五个汉字写下来，以便他们记忆。这也是《孙子兵法》魅力永恒的一个小小例子。

相信每一位军人，都熟悉《孙子兵法》的开篇名言："兵者，国之大事，死生之地，存亡之道，不可不察也。"这里的"察"，主要是指为将者要谙熟行军打仗的兵法，因为它事关国家的生死存亡。但对于我而言，这个"察"字又有特殊意义。我所从事的军事外交工作，需要的是见微知著，明察秋毫。事实上，我把"心事浩茫连广宇，于无声处听惊雷"作为座右铭，也是为了一个

“察”字。

申万胜：学书三用，得书三味

我与申万胜熟悉，始于他担任解放军艺术学院院长期间。至今我还清楚地记得，多年前，我与申万胜、李双江、刘敏等在军事博物馆附近一家小餐厅愉快聚餐的情形。申万胜从中国人民解放军总政治部直属工作部部长的职位上退休后，被我推荐聘为中国国际战略学会高级顾问。也正是在这个时候，他举办了一次规模较大、影响深远的书法展。

申万胜书法展的开幕式定于2007年11月16日。恰好那一天，我受上海交通大学邀请，出席其国际与公共事务学院聘请我担任名誉院长的仪式，并主持我的朋友、俄罗斯外交与国际政策理事会主席卡拉加诺夫的演讲会。我在上海，只有不到一天时间。我早上坐火车抵达，晚饭后即乘火车返回，但也因此错过了申万胜书法展的开幕式。

2007年11月17日晨，我返回北京，当天下午就赶到中国美术馆，现场欣赏申万胜的书法艺术作品。那一天的中国美术馆展厅，简直像是笔墨的海洋，一幅幅精彩的书法作品有大有小，有草有隶，令人目不暇接。展览现场有一张照片给我印象很深。照片中，申万胜手握毛笔，在地上铺着的大幅宣纸上挥毫而书。这使我想到，书法除了具有视觉上的艺术魅力，还能够将精神享受与身体健康辩证地融为一体。那一天，申万胜将一本《申万胜书法集》（解放军出版社，2007年10月第一版）签名赠送给我和夫人寿瑞莉。

申万胜很重视书法艺术的辩证性。他说，中国书法是“以抽象的笔墨线条和丰富的汉字形态反映世间物象构成及其运动规律之意象美的艺术”。他认为，物象构成及其运动规律，完全符合哲学上对立统一的法则。这个对立统一法则，时时处处体现在物象的矛盾和变化之中，同样也体现在书法艺术的矛盾和变化之中，包括四点重要的对立统一，即内容与形式、技术与艺术、书品与人品、继承与创新。申万胜说，陆游的一首诗“六十年来妄学诗，功夫到处独心知。夜来一笑寒灯下，始是金丹换骨时”，说的是学习写诗的经验，其实也是学习书法、把握书法的辩证规律，直到脱胎换骨、实现超越的经验。

申万胜本人的学书经历，也堪称千锤百炼、脱胎换骨的过程。作为军队一级领导干部，申万胜的日常事务非常繁忙。第二炮兵的书法家刘洪彪曾经采访申万胜，一个小时的采访，被许许多多的来人、来电、办件打扰得七零八落，谈话总是有头无尾、断断续续。这种情况下怎样才能潜下心来？申万胜告诉我，他是把练习书法作为休息，既放松身心，舒缓工作压力，又寄情艺术，陶冶性情。这样，别人视为畏途的“勤学苦练”，到申万胜那里竟然成了怡然自得的放松与享受。也正是以这样一种心态，申万胜在济南工作期间，利用两年多的空隙时间，一面研习《红楼梦》，一面挥毫命笔，写下了《红楼梦》中的所有诗词曲赋，后来出版一部受到书法界称赞的《红楼梦诗词书法集》。我特别欣赏申万胜关于“学书三用”的理论，即练习书法要“用心、用情、用功”。概而言之，用心，即欲得于笔，当妙于心；用情，即充满感情，饱含激情；用功，即在苦练笔墨技巧的同时深入体味，做到知其然又知其所以然。我认为，“学书三用”实际上道出了书中三味，是申万胜练习书法的心得。申万胜本人的书法成就也是“用心、用情、用功”的结果。

（原载于2011年5月13日《解放军报》第8版）

古今一片月　风雨百年心

我与侯一民、邓澍夫妇的相识相交，是经友人介绍。那是2002年的一天，朋友邀请我去见一对夫妇，说他们是奇人，是隐士，也是我们国家“最富有”的人。对于奇人，谁不愿意一见呢？于是在朋友的带领下，我和夫人来到他们在北京西郊戒台寺畔的山间居所。

这是一处幽静的庭院，他们在这里过着典型的艺术家生活：到处都是绘画作品与绘画材料，到处都是侯一民收集的各种古董文物。同时，这里鸡鸣犬吠，充满田园情趣。邓澍养了不少孔雀，有白孔雀，有花孔雀。午餐时，我们吃土菜，卷饼子，喝玉米粥，是真正无污染的“农家菜”。

侯一民和邓澍专门辟出一间大堂，陈列他们的美术作品，其中最吸引人的是创作于1964年的大型油画《六亿神州尽舜尧》，这幅油画的印刷品发行了上百万张，在中国广为人知。侯一民还让我看了他于1957年创作的油画《青年地下工作者》，这也是中华人民共和国成立前夕他地下工作生活的写照。

1946年，侯一民考入北平艺专，时任校长徐悲鸿。由于追求进步，不久，侯一民加入中国共产党，并担任地下党北平艺专支部书记。在《青年地下工作者》中，青年学生手持油灯，一面收听电台，一面印刷传单，画面色调灰暗，更加衬托灯光的温暖，并寓意在青年人身上闪耀着青春与希望的光芒。北平解放的时候，侯一民等地下党美术工作者秘密印刷了十万多张传单，在北平解放当天，这些传单贴遍全城。

侯一民与邓澍同为河北高阳人。邓澍参加革命更早，她 16 岁就被日本宪兵队关进监牢，1945 年出狱后只身投奔解放区，1949 年又随解放大军进驻北京，与侯一民在新成立的中央美术学院相逢。从 1951 年开始，他们合作画年画，由此结下终身情缘。侯一民和邓澍对我说，对他们而言，“为人民而艺术”不仅是理性的需要，更是天经地义。

朋友最初向我们介绍侯一民、邓澍夫妇时，称他们是中国“最富有”的画家。这是因为他们是我国第三、第四套人民币的设计者。第三套人民币设计工作从 1958 年开始，当时的设计专家共 5 人，侯一民、邓澍夫妇名列其中。1979 年年底开始的第四套人民币设计工作，他们夫妇也参与了。1998 年 3 月，中国人民银行特向他们颁发了荣誉证书。因此，侯一民、邓澍夫妇即使不是“最富有”的画家，但肯定也是绘画作品传播范围最广的画家之一了。

侯一民很幽默。他自称杂家，说：“油画界认为我们已下岗转业，国画界也不认为我们是国画家，雕塑界称我们是‘杂牌军’，媒体把我们当作‘画钞票的’，我们住的村里人叫我‘泥人侯’，由于我们在深圳的锦绣中华、世界之窗及美国的锦绣中华设计制作了约10万件高温斗彩小瓷人，所以我们也被称为‘小公崽之父’……”

虽然他们涉猎如此之广，但他们在壁画领域的建树尤为突出，可谓中华人民共和国壁画事业的重要开拓者。侯一民曾任中央美术学院壁画系主任、中国美术家协会壁画艺委会主任和中国壁画学会会长。

2009年5月7日，我到中华世纪坛出席侯一民领衔创作的巨幅壁画《抗震壮歌》的展览。在世纪坛的展厅里，长200米、高2.5米的《抗震壮歌》犹如一条巨龙，盘曲伸展在各个展厅间。炭精表现出的素描效果，写实手法中人与环境的融合和挤压，塑造出汶川地震灾难及救援的慷慨悲壮，从中可以感受到中华民族绵绵不绝的强大生命力。侯一民在致辞中特别提到他坚持的现实主义艺术道路，他希望现实主义风格使艺术获得强大的现实感染力。尤其令人感动的是，在创作这幅作品过程中，侯一民突然病倒，昏迷了

160个小时才醒来。为了一幅画，几乎付出生命代价，这就是老一辈艺术家的境界！

几个月后，我在第十一届全国美术作品展览的壁画作品展上又见到了这幅《抗震壮歌》，同时还欣赏到大量异彩纷呈的壁画作品，其中就包括他们早年创作的《六亿神州尽舜尧》。侯一民告诉我，为了把这幅壁画搬到展厅，他们拆了家里房间的一面墙。

该怎样评价侯一民和邓澍的艺术人生和艺术境界呢？想到侯一民曾经写下的一句人生感悟：古今一片月，风雨百年心。我以为这句能成为他们夫妇艺术历程的注解。

侯一民告诉我，这句话是他的朋友、诗人刘征的诗句，他特别喜欢，还专门为此刻了一方印章。巧得很，侯一民恰好有一本书，书名就是《古今一片月　风雨百年心》，英文翻译成“ONE MOON, ONE HEART”（同一颗月亮，同一颗心）。侯一民在序言中解释说，“月”代表着友情与无限的思念，地球上的每个人都平等地享受着她的爱抚，而地球人的心是相通的，无论有多少风雨，人的命运都相互联结。

从侯一民、邓澍夫妇身上，我仿佛看到，艺术像朗朗夜空中的明月，可以照彻古今；像遮风挡雨的伞，可以守护人类心灵。从积贫积弱的旧中国，到繁荣昌盛的新世纪，他们都秉持着这样一颗火热的艺术之心。

（原载于2011年5月23日《人民日报》第24版）

自然的箫声　远古的回音

邓林是小平同志的长女，我与夫人寿瑞莉与邓林熟悉，源自吕正操之女吕彤岩的介绍。邓林性格爽朗，颇多平民意识。有时候我们在玉泉山聚会，邓林会带来自己做的四川凉面，麻辣味非常地道，既省钱又省时间，我们都吃得很高兴。

邓林对音乐非常熟悉。她说，她从小就喜欢音乐，还曾在中央音乐学院附中学习。有了她，就会有歌声。有时候，我们唱起几十年前的老歌，旋律还记得，但歌词都记得模模糊糊了。这时，请教邓林，准没错，她几乎都能清清楚楚地记住。

邓林是职业画家。她从18岁开始学画，师从花鸟画家汪慎生先生。当时，她正在中央音乐学院附中学习。随着画艺的进展，尤其是学画愿望日益强烈，两年后她转入中央美术学院附中，并于毕业后进入中央美术学院中国画系，师从李苦禅、郭味蕖、田世光等先生专攻花鸟画。

我从1994年开始收藏签名盖章书，其后，我的夫人寿瑞莉也参与进来，与我一同收藏，并帮助我归类、整理、录入电脑中进行管理。促使我进行这项有意义的工作的源头，是邓小平的小女儿邓榕（毛毛）赠送给我一本邓小平同志亲笔签名的《邓小平文选》（第三卷）。事实上，我和夫人的收藏也得到邓林的很大帮助。2003年2月8日，邓林送给我们一本盖章的《邓小平文选》（第三卷），她还细心地附条说明，这方邓小平印章好像用过，因为图章上沾了许多印泥。有意思的是，后来我们又遇到邓林，她告诉我们，那方印章已经捐给了四川广安的邓小平故居纪念馆。看来，收藏一定要把握机会，否则很可能会与珍贵的藏品失之交臂。

作为收藏爱好者，邓林的画集当然也在我们的收藏之列。2003年1月18日，邓林将一本《邓林画集》（人民美术出版社，2001年8月第一版）签名后赠送给我和夫人寿瑞莉。通过《邓林画集》，我们可以欣赏到邓林绘画艺术的概貌。

稍稍翻阅，就可以发现，邓林的绘画主要集中于两个领域：大写意花卉画，以及由彩陶纹样幻化而来的抽象水墨画。在画册的前半部分，基本上都是写意花鸟画。1987年，邓林将一幅抽象水墨画命名为《第一张》。从那往后，抽象水墨画所占比重逐渐增加，再往后，还有许多根据她的抽象水墨图案做成的纯丝手工编织壁挂。对于自己的绘画题材，邓林有非常形象的比喻。她把写意花鸟画比作“自然的箫声”，把抽象水墨画比作“远古的回音”，纯丝手工编织壁挂系列就命名为“远古的回音”。

邓林最初所学，就是大写意花卉，并以画梅而广为人知。“文化大革命”后，邓林恢复画画，虽以梅花为主，但也画松、竹、菊、荷、枇杷、藤萝和葡萄等。到了20世纪80年代后期，邓林开始集中精力画梅，既画墨梅，也画红梅、绿梅。邓林的梅花，枝干纷披，雄浑大气，删繁就简，不拘细节，通过写意很好地表达了心性。进入20世纪90年代，随着抽象水墨画的进展，邓林虽然仍以画梅为主，但常常配以其他花卉和器物，其精神内蕴也因而更加丰富。

中国写意绘画讲究妙在似与不似之间，这实际上为邓林后来进行抽象水墨创作打牢了技艺基础。20世纪80年代后期，邓林有机会分别到美国和法国观摩现代艺术，又研究了原始艺术对西方现代艺术的影响，经过系统分析，认为“中西艺术都发端于抽象，但西方艺术很快走入了具象，近代又回归了抽象，而中国艺术却在长期发展中未完全走入具象，至近代受西方写实主义影响才走入具象。而中国画妙就妙在它的意象精神，不为形似、具象所束缚”。这个观点促使邓林从中国原始彩陶艺术的原创性和抽象性入手，去探索抽象水墨画并进而步入现代艺术殿堂。

20 世纪 80 年代末问世的，邓林脱胎于彩陶纹样的抽象水墨画，令人耳目一新，受到海内外同行的一致称赞。这些作品，既气势磅礴又拙朴厚重，似是无章可循，但又切合于人的审美兴趣。中国传统水墨的魅力在其中表达得淋漓尽致，同时又仿佛能与远古对接，将古今融为一体。邓林说：“我追求的效果也许只能用音乐作比喻：平衡和对位，以及光暗之间的节奏。”这些抽象水墨画经放大后，用纯丝手工编织的方式做成壁挂，使水墨的韵味更加显露无遗，并大大增加了其作品的原始魅力。

欣赏邓林的画，总让人忍不住想到她作为小平同志长女的特殊身份。我和夫人寿瑞莉特别欣赏邓林的一个观点。当有些“前卫”艺术家创作出丑化、讽刺共产党领导的作品时，邓林说出了掷地有声的话：“艺术家的使命就是爱国。”艺术应该是正面的，积极向上的，在改革开放时期艺术家更应该肩负此使命。

也许，视觉艺术是相通的。除了是画家，邓林还是摄影爱好者。她很早就学会了照相、洗相片，并且有意识地为小平同志拍了20多年照片。小平同志于1997年去世后，为缅怀父亲，邓林找出这些照片，经过精挑细选，选出120幅结集出版了《邓小平——女儿心中的父亲》摄影集（中央文献出版社）。1998年12月5日，她将这本摄影集签名赠送给我。在书中，邓林写道："这不是一部史诗，不是一代伟人的画传，也不是摄影家艺术技巧的展示。这只是女儿心中留下的对父亲永不磨灭的记忆，是女儿对父亲深深的思念。"

（原载于2011年6月8日香港《文汇报》C4版）

童心未泯的艺术奇才

2009年5月28日是中国传统的端午节。过去，端午节照常上班，但从2009年起，国家将五一长假缩短，同时将清明节、端午节、中秋节定为法定节假日。这样，2009年5月28日我们全家，包括女儿、女婿和第三代两个外孙，都不用上班或上学。这一天怎么度过？看画去！

驱车出了北京城区，向东很快就到通州区，从京通高速的八里桥收费站出来，折向东南，很快就到了目的地：位于梨园站九棵树东路的韩美林艺术馆。

在中国，韩美林艺术馆共有两座。一座位于杭州，2005 年 10 月 19 日正式开馆，馆藏韩美林捐献的 1000 件作品。另一座即位于北京通州，2008 年 6 月 25 日正式开馆，馆藏韩美林捐赠的 2000 件作品。令韩美林颇为自豪的是，这两个艺术馆分别位于京杭大运河的南北两端，它们仿佛是在向源远流长的中华文明致敬。

位于北京通州的韩美林艺术馆面积约 1 万平方米，是国内最大的以个人艺术为主题的艺术馆。除了馆藏的 2000 件展品，还有近 3000 件作品在这里轮流展出。韩美林艺术成果真是丰富。其中的原因，我想，主要有两个，天才与勤奋。据说，韩美林能够一天工作十七八个小时，画出数百幅画，而且画面变化多端，绝不重复。

我多次见过韩美林当场作画。这些年来，我几乎每年都能在党中央、国务院举办的春节团拜会上遇到韩美林。他总是带着自己创作的生肖贺卡送给在场的朋友们。此时，我常常会拦住他，请他在贺卡上画几笔，而他只用寥寥数笔，往往就能传神地画出当年的生肖形象。围着他的人不止我一个，于是他就不停地画，仍然是寥寥数笔，而动物的形态却都各有不同。因此，我常想，韩美林绘画作品的数量，恐怕连他自己都无法统计。而能够如此高质高产，除了艺术奇才，还能有谁？

这一天，与我们一同造访韩美林艺术馆的，还有卫生部副部长黄洁夫一家三代。此前不久，韩美林患病住院，为他主持手术的就是黄洁夫。手术期间，我去医院探望韩美林，当时就约定等他病愈后到韩美林艺术馆做客。

在当今艺术界，韩美林作为一位高产的“全能型”艺术家，其创造活力之旺盛，涉及的艺术门类之多，作品数量之丰富，罕有匹敌者。在绘画、书法、陶艺、雕塑、设计、工艺美术等多个领域，他都有很高的成就。不到韩美林艺术馆，很难想象一位艺术家的创造活力能够如此旺盛。

韩美林艺术馆共有四个展厅，我们在一个个展厅里驻足观赏。一号厅陈列着韩美林的钧瓷、青瓷、紫砂等陶瓷工艺品，以及印染、木雕和民间工艺品。韩美林的陶瓷制品以挂盘、钧瓷和紫砂壶最多。挂盘简洁清雅，极富装饰性；钧瓷釉色丰富，变幻无穷；紫砂壶形态各异，既实用又美观。我们还看到了韩美林对传统的布老虎、印染等民间工艺品的改造，这些改造成果对民间艺术来说，真可谓是锦上添花。

二号厅陈列的是在卡纸上画的速写、装饰画，以及设计的文化标志等。他的速写，既像是信手拈来，又像是抓住了瞬间的自然流动，千变万化，而又让人心领神会。他的装饰画，造型优美夸张，色彩鲜艳缤纷，充满天然情趣。韩美林参加过众多国家重大活动的美术设计工作，其中最突出的是北京奥运会的福娃和申奥会徽。在这里，陈列着韩美林设计的原稿。中国国际航空公司的凤凰标志，也是韩美林设计的。

三号厅陈列着韩美林的一些雕塑作品。他的雕塑作品，大到十几米、几十米，小到杯盘碗碟，或者崇高壮美，或者灵秀雅致，都有很强的视觉冲击力。即便是一组母子主题的雕塑，也有几十种不同造型，这些造型从不同方面淋漓尽致地表现了母爱子、子恋母的人间真情。

四号厅陈列着韩美林的国画和书法作品。韩美林的国画，最常见的题材是动物和人物。韩美林喜欢用流畅的弧线和直线画出动物形体结构的关键部位，然后再以墨色画出动物皮毛的质感。韩美林的人物画大都由复杂多变的曲线完成，不仅显示了人物体态之美，也展现了线条本身的魅力。韩美林的书法具有很强的装饰风格，但仍能看出楷体字“颜体”的影响。

这里最引人注目的是大量我们根本无法辨识的“天书”。几十年间，韩美林花费大量时间，从全国各地的古代甲骨、石刻、岩画、古陶、青铜、陶器、砖铭、石鼓等文物上搜集记录了几千个符号、记号、图形和金文、象形文字，有一些是至今仍然没有破译的古代文字。韩美林对这些符号和文字进行临摹和整理，汇集成册，称为《天书》（百花文艺出版社，

2007年1月第一版）。经韩美林的艺术之手，这些“天书”雄浑而灵动，融合了古朴与现代，既像文字，又像书法，还像绘画，从美学意义上实现了人类象形记号的返璞归真。这一天，韩美林赠送给我们的签名书，就是《天书》。

不知不觉，已至中午。韩美林的夫人周建萍为我们准备了可口的午餐。周建萍是一位作家，她曾将《回眸“女儿谷”》签名赠送给我和夫人寿瑞莉。书中写了女子监狱鲜为人知的故事。为了创作此书，周建萍曾经长期到女监体验生活，因此此书内容真实而感人。周建萍是在韩美林很困难的时候毅然嫁给韩美林的。她的好朋友谢晋对她说：“我想把你托付给韩美林。”他们的婚后生活幸福美满，按照韩美林的说法是换了一个活法。

这一天活动的高潮，是由韩美林发起的。他现场为我们第三代的小朋友作了画，当然是我们都喜闻乐见的典型的韩美林式的小猫小狗。但韩美林并没有为每一位小朋友作画，而是故意少画了一幅。“请你们抽签，抽中了就有画，抽不中就对不起了。”韩美林笑眯眯地说。孩子们都兴奋了，争着试试手气。我们这些长辈也看得哈哈大笑。

此时的韩美林，一脸顽皮，真不像是比我还年长的古稀老人。我突然想到，韩美林的成功，除了天才与勤奋，恐怕还因为他始终有着一颗童心，一颗对人生、对艺术、对美不倦探索、真诚炽烈的童心。黄永玉曾说："韩美林说的坏人一定很坏，因为他不轻易给人下结论。他说的好人你千万别相信，才不一定呢！"冯骥才也说："当韩美林张开双臂热烈拥抱这个世界的时候，无数贪婪的手把他两兜掏了个精光。"也许，正是这样的不设防的童心，才能使韩美林将全部精力与才华投入到美的创造之中。

2011 年 2 月 20 日，韩美林又将最新出版的《几回明月——韩美林课徒人体画稿选》（凤凰出版传媒集团江苏美术出版社，2011 年 1 月第一版）签名赠送给我和夫人寿瑞莉。韩美林使用的是与他的装饰风格浑然一体的篆书，婀娜多姿，变化多端。虽然只是签字，但也有很好的艺术欣赏价值。

《几回明月——韩美林课徒人体画稿选》是韩美林教授外国留学生的画稿。在序言中，韩美林透露，这本厚厚的画稿选，是他“在两天之内用了不到两个小时画出来的”。他说：“我肚子里东西，像抽丝一样不断，像甩籽一样成千上万，而且不重样。信不信由你，全部画稿都是默写。”

但在序言中，韩美林还写道：“我真正的画作不多，社会上传遍了我一天画二百，两天画三百。我的创作还真没那么多。二百、三百倒有那么神过几次，可都是手稿、习作。基本功与创作的关系像金字塔一样，真正的作品就那尖上的一块石头。基本功、习作就是那一块石头下面那几十万块石头。”

这两段话看似矛盾，但在澄清韩美林作画是否那么神的同时，透露出来的创作与习作的辩证关系则更加耐人寻味。

（原载于2011年6月18日香港《文汇报》A25版）

相期以茶

2012年2月20日，我与夫人寿瑞莉在教育部语言文字应用研究所所长姚喜双的陪同下，来到朝阳门南小街国家语言工作委员会后面的宿舍楼，拜访107岁的周有光老人。

周有光的住房是老式的单元房，书房只有9平方米，摆着一张陈旧的黄漆小书桌，两排简单的书架，还有长沙发和几把椅子。见到我们，坐在小书桌后面的周有光笑着与我们打招呼，同时说："等一下啊，我戴上助听器。”

107岁的老人，精神那么好，笑容可掬，真是奇迹！

“老人除了听力不济，身体没有大毛病。”姚喜双介绍说。

这是我们第一次拜访周有光老人，但在此之前，我们已经与他有过联系。2010年，他的《朝闻道集》出版，我们就买了书，托我的秘书找到姚喜双，经过姚喜双的帮忙，请老人签了字。当时，我的秘书给老人带去两本我们自制的记事帖。现在，记事帖还摆在老人桌上，老人还在用着。

“我们又给您带来了今年新做的记事帖，”我们说，“还有您喜欢喝的咖啡。”老人很高兴。20世纪40年代，周有光被新华银行派驻美国纽约工作，从而养成了喝咖啡、红茶的习惯。周有光的夫人张允和女士在世的时候，他们夫妇每天都喝上午茶和下午茶，喝茶的时候都要向对方举杯。古人称赞夫妻相互尊重叫“举案齐眉”，周有光说他们是“举杯齐眉”。他们夫妇相濡以沫几十年，几乎没红过脸，是家庭和睦的典范。

我们向老人请教长寿之道。老人声音洪亮，思路清晰，不时发出乐观爽朗的笑声：

“我没有什么长寿之道。要我总结的话，第一呢，我不抽烟，不喝酒，啤酒有时喝一点儿，但在国外，啤酒不算酒的。第二呢，生活规律。第三呢，就是要乐观，胸襟开阔。我的一生中有两段时间比较坎坷。一是抗战时候在四川，10年间搬了26次家，一双儿女，女儿病死了。二是‘文化大革命’时候下放到宁夏种地，很多人都很难过，我却想，过去只是吃粮食，现在自己种粮食了，也挺好。”

“总体上，我还是幸运的，历次运动没有受到太多冲击，”周有光乐观地说，“我是中华人民共和国成立后从国外回来的，当时在银行工作，又在复旦大学等学校教经济学。我呢，上大学的时候就对文字感兴趣，觉得英文字母太方便了。后来在国外，特别是在英国，买了许多字母学的书。1955年10月，北京开全国文字改革会议，要我去开会，开完会就留在了北京，从此改行，不再搞经济学了，开始搞汉语文字改革。”

从经济学转行的结果，是周有光在反右运动中免受冲击。“反右的时候，经济学是重灾区，特别是上海的西方经济学者，几乎全部遭殃。我的一个博士生就自杀了。我算是逃过了反右。”周有光说。

而实际上，周有光改行的另一个结果，是参与起草了《汉语拼音方案》。今天有人把他称为“汉语拼音之父”，他虽然没有承认过，但这样的评价还是符合事实的。

我们拿出《周有光百岁口述》和《静思录》，请老人签名。2008年，寿瑞莉买了《周有光百岁口述》，读后推荐给我，并一再称赞。2012年，我们又买了最新的《静思录》。“我的手有点儿抖了，写不好。”周有光说。但他写下的字，笔迹仍然清晰工整。签名后，周有光从抽屉里拿出一个小时钟，看了一下日期，认真仔细地署上“2012-02-20”，“2”的月份之前加上一个“0”，反映了周有光多年的严谨工作习惯，也反映出周有光虽然高龄仍然思维缜密。周有光还写下“时年107岁”。

周有光出生于1906年1月13日，实际年龄已经达到107岁。他是我们遇到的最年长的老人。周有光老人属蛇，我们还带去了一枚贴着蛇年生肖邮票的信封，一并请老人签名。

“像周有光老人这样，如此年长，又是文化名人，成就很高，至今还能读书、思考、写作，恐怕全世界也没有第二个了。”姚喜双说。

怕耽误老人太多时间，使他疲劳，我们起身告辞。姚喜双说：“没关系的。老人谈话两三个小时，一点儿不成问题。”但我们还是告别了。临别的时候，姚喜双向老人建议：“明年就是您的茶寿了，108岁，我们给您办个寿宴，还请熊副总长夫妇来。”我们也满口答应：“好的，我们相期以茶。”

（原载于2012年7月3日《新民晚报》B8版）

神经外科医疗界的“长征的队伍”

我们都知道神医华佗的大名。早在1800年前，他就能施行剖腹手术，并且还能为关羽刮骨疗伤。在当时他就能实施这些远远领先于世界的外科手术，因而被后人誉为“外科鼻祖”。现在，人们往往用“华佗再世”来称颂一位医术高明的医生。可是，关于华佗被害的故事，却很少为人所知。从周良辅院士签名赠送给我的《神经导航外科学》一书前言中，我读到了这段故事：

传说，三国时期的曹操长期受头痛困扰，找华佗医治。华佗已经发明了“麻沸汤”，可以为病人麻醉。他对曹操说：“大王头内长风邪，须服用麻沸汤后，用利斧开颅，祛除其内风邪，方可根治头疼。”可是曹操不仅不信，反而怀疑华佗不轨，命人把华佗杀害了。

周良辅院士写这段故事，目的是追溯人类施行神经外科开颅手术的起源。目前，周良辅就是我国神经外科的一位领军人物。他一直致力于颅脑手术的创新工作，20 世纪 60 年代开始开拓显微神经外科，使脑部手术从肉眼发展到微观；20 世纪 70 年代开始开创颅底神经外科，从而突破人脑颅底这一手术禁区；21 世纪初开始了微创神经外科的诊治，并创新了保留脑术后神经功能的技术。从医近半个世纪以来，他亲自操刀的手术就有 1 万多例，相当于整个华山医院一年的手术量。周良辅签名送给我的两本书，都是关于神经外科的。除了《神经导航外科学》，还有《神经外科手术步骤点评》。

我是在夫人发现疾患并进行外科手术治疗的过程中，经当时的卫生部副部长黄洁夫同志推荐而认识周良辅，并与他开始交往的。在检查确诊、制定治疗方案的过程中，黄洁夫说，可以放心地把手术任务交给他。全国政协副主席、中国工程院原院长徐匡迪也向我介绍了周良辅，说他是一位诚实的、有着真才实学的院士。后来的事实证明，徐匡迪、黄洁夫的推荐、介绍完全正确。手术及术后治疗都平稳顺利。因此，我们非常感激周良辅领衔的整个手术团队。

这整个团队分为手术和术后治疗两部分。手术部分的专家主要是周良辅、毛颖和朱巍。手术成功后，有时候我会和他们开玩笑，说他们是“长征的队伍”，因为他们的姓氏周、毛、朱，恰好可以与率领中国共产党、中国人民解放军取得长征胜利的毛泽东、周恩来、朱德的姓氏对应。负责术后治疗的团队以盛晓芳为主。她也是一位勤于钻研的医生。在周良辅主编的《神经导航外科学》内就有一篇她的论文，我也请她在上面签名留念。在她的精心组织治疗下，我的夫人顺利度过了具有相当风险的术后治疗期，康复得很快，令人欣喜。应该说，所有这些专家都是学贯中西，达到了顶尖水平的医学大家。

2011年春节后，我的夫人术后治疗进展顺利，病情渐趋平稳，我也开始收集华山医院专家们的签名藏品。在请周良辅签名赠书的同时，我还请他在辛卯年特种邮票首日封上签名。

我还请毛颖、朱巍在他们发表的论文上签名留念。毛颖签名的论文是发表于2011年3月号的《神经外科》上的英文论文《治疗脑干海绵状血管瘤的手术策略》，朱巍签名的论文是发表于2005年8月号的《神经外科》上的英文论文《转染血管内皮生长因子的大鼠神经干细胞移植对暂时性脑缺血的保护作用》。我注意到，所有这些论文都是集体署名的，这说明，这些成果是集体智慧的结晶。

华山医院创建迄今已逾百年。1907年，当时的清政府批准了“大清红十字会”会长吕海寰等人计划在上海创办医院和医学堂的奏折，同年，原“上海万国红十字会”中方总董沈敦和开始筹建“中国红十字会总医院暨医学堂”。这被视为华山医院的起点。目前，华山医院既是复旦大学附属医院，又是中国红十字会直属的唯一一家三级甲等医院。2007年，为纪念建院百年，华山医院印制了一套邮资明信片。我也请周良辅、毛颖、朱巍、盛晓芳分别在明信片上签名留念。

2013年，还将是周良辅、毛颖、朱巍和盛晓芳所在的华山医院神经外科创建60周年。我已提前写了“德医双馨”四字表示祝贺。周良辅等专家做人做事的确称得上是“德医双馨”的。2012年3月30日，上海隆重举行科学技术奖励大会，周良辅和上海交大的贺林教授被授予科技功臣奖，上海市委书记俞正声为他们颁奖。同时，世界神经外科联盟官方杂志《世界神经外科》将周良辅评为2012年度人物，并在封面刊登了周良辅的照片。当我获悉这项评选不接受申请，完全由专家委员会从全世界范围的神经外科医师中严格评选，具有极高公正性时，我立即致电周良辅，对他获此殊荣表示祝贺。

（原载于2012年7月4日《新民晚报》B8版）

“送给亲爱的老爸！”

《柳荫翠》是北京13中学生的优秀作文集，1993年由云南人民出版社正式出版。我的小女儿熊青在书上签题“送给亲爱的老爸！”此书收录了当时上初三的熊青写的作文《这里风光独好》，并且配了一篇评论《不落窠臼，独辟蹊径》。熊青在《这里风光独好》中写的是她小时候我们住处附近的一小片树林，当时，熊青很喜欢在那儿玩耍，常常玩得不想回家。没想到，我们搬走许多年以后，熊青居然就这个地方写出了一篇老师认可的优秀作文。在《不落窠臼，独辟蹊径》中，评论老师说，熊青的作文尽管行文中无一“独”字，却处处紧扣“独”，突出了“独好”之处，在“独”字上见意蕴。

在熊青和她的姐姐熊立上学的时候，我曾经教她们写作文，告诉她们要有感而发，由景入情，先写景，再抒情，注意起承转合，最后得出自己的感想和结论。1999年5月，熊青把《柳荫翠》签名送给我，算是满足我收集签名书的爱好，也算是对我们过去帮助她们写作文的回报吧。

熊青、熊立小的时候，我们也教育她们，要注意邮品，注意方寸之间无穷的乐趣。熊立上小学时就写过关于邮票的作文，后来还被老师评为范文。巧合的是，熊青也以邮票为题材写过作文，也受到了老师的好评。

家里人的信件，我们舍不得丢掉，也被列入了我们的收藏之列。在1999年至2000年的世纪之交、千年之交，我爱人寿瑞莉为她所在的中国航空技术进出口总公司策划了一次向五大洲实寄纪念封的活动。她也给我寄了一个，上面的邮戳分别是 1999 年 12 月 31 日和 2000 年 1 月 1 日。2002 年 12 月，在外旅行的熊青给我们寄来明信片，告诉我们旅行感受，并祝我们圣诞快乐、结婚纪念日快乐。2012 年 2 月，在香港出差的熊立给我们寄来明信片，祝我们元宵节快乐。连我们的小外孙悠悠、小外孙女尧尧都加入了营造以邮寄情家庭氛围的队伍中。2011 年 9 月，悠悠给我们寄来尼亚加拉大瀑布的明信片；2011 年 8 月，尧尧给我们寄来泰国的明信片。刚上小学的尧尧还不会写“健康”二字，她是用拼音拼出来的。

（原载于 2012 年 7 月 4 日《新民晚报》B8 版）

从心所欲不逾矩

前不久，中央电视台推出全新的人文类电视节目《朗读者》。作为第一期压轴的出场人物，96 岁高龄的许渊冲老先生以其自信、激情和敏锐，不仅征服了在场观众，也打动了电视机前的广大观众。人们兴致盎然地搜索许渊冲的有关资讯，甚至有人诙谐地把他称为今年第一位“网红”。

我既为节目的成功感到高兴，也略有遗憾之情。因为，早在第一期《朗读者》策划的过程中，节目组曾经邀请我作为许渊冲老先生的点评人。但当时我在外地，因而错过了机会。

许渊冲是我国翻译界一位备受尊重的标志性人物。2010 年，他获得中国翻译协会颁发的翻译文化终身成就奖；2014 年，他荣获国际翻译界最高奖项之一的“北极光”杰出文学翻译奖，成为首位获此殊荣的亚洲翻译家。许渊冲至今笔耕不辍，新著迭出。而我之所以受到邀请为许渊冲老先生点评，是因为许先生是我的老同乡、老师长、老前辈。

许渊冲和我都是江西南昌人氏。许先生曾经说过，他读的小学是全市最好的小学，中学是全省最好的中学，大学是全国最好的大学。这个小学，是江西南昌实验小学。这个中学，是江西南昌第二中学。这个大学，是西南联合大学。其中，许先生中学就读的南昌二中，其前身心远学校的源头是江西南昌冈上镇月池村熊氏的家塾，而我就是这个熊氏家族的后代，因此可以说，许渊冲就读的这个“全省最好的中学”是我们熊家创办的。许渊冲曾经告诉我，他见过创办心远学校的熊育钖，而熊育钖是我曾祖父辈的先人，今天的南昌二中塑有熊育钖的雕像。像许渊冲这样见过熊育钖本人而仍然健在的，可以说为数极少了。

心远学校及其后的南昌二中的确配得上“全省最好”这样的赞誉。在民国时期，心远学校一度与天津的南开学校、长沙的明德学校并称为当时全国最知名的新式中学。吴有训、傅抱石、胡先骕等名人曾在心远学校任教，方志敏、邹韬奋、夏征农等名人曾在心远学校就读。当时，心远学校选用外文原版教材施教，许渊冲正是在这样的教学环境中奠定了外文的基础。

从这个意义上说，许渊冲是我的老同乡。

我与许先生还有一段师生缘。20 世纪 50 至 80 年代中期，留法归国的许渊冲被安排在一所军队的外语院校任教，而 20 世纪 50 年代后期，我就在这所院校就读并毕业。虽然许先生没有直接担任我的外语老师，但他与我的英语老师索天章教授有着很深的渊源。索天章毕业于清华大学，比钱锺书低三届。而许渊冲是钱锺书在西南联大的学生。按年级算，许渊冲比索天章低六届；按年龄算，许渊冲比索天章小七岁。无论索天章还是许渊冲，都可以称得上是当时国内顶级的外语专家。正是由于得到了索天章、许渊冲这样的外语专家的精心培养，我们才学到了过硬的本领，为国家和军队做出了力所能及的贡献。应该说，许渊冲也是我的老师长。

许渊冲还是我在翻译工作上的老前辈。

从军队的外语院校毕业后，我从事的第一项工作是担任译员。在民主德国、联邦德国工作期间，我既进行中英文翻译工作，也进行中德文翻译工作。但与许渊冲从事的文学翻译不同，我的主要翻译工作是口译。口译是一种解释性的翻译，是 interpretation，是即时的，要求反应迅速，准确达意，解释清楚。而笔译则是 translation，需要字斟句酌，追求信达雅。

许渊冲的主要翻译工作就是 translation（笔译）。我曾经到许先生位于北京大学畅春园的寓所拜访，和他一起探讨翻译理论。许渊冲把他的翻译理论归结为“真”与“美”两个字。借用孔子名言“从心所欲不逾矩”，许渊冲说，“不逾矩”是不违反客观规律，是重“真”，始终保持科学态度；“从心所欲”是要发挥主观能动性，是重“美”，始终坚持艺术态度。许渊冲强调，中文翻译成西方文字，尤其要追求“美”，因为英、法、德、意等西方主要语言之间相互翻译，对等率接近90%，因此翻译的时候一般来说按照科学的态度“不逾矩”就可以了。但中文与西方语言有很大不同。中文与西方文字互译，对等率只有一半左右。在对等的时候，翻译要讲究“真”，要“不逾矩”；但在不对等的时候，就不能只局限于转述原文的意思了，这时候，要想方设法用艺术的语言把原文的美翻译出来，不仅要追求内容的真，还要追求艺术的美，做到“从心所欲”。

在《朗读者》现场，许渊冲先生送给主持人董卿一张名片，上面印着“书销中外百余本，诗译英法唯一人”。的确，许渊冲虽然擅长中英法互译，涉足小说、诗歌、散文等众多文学领域，但他最突出的成就仍然是将诗、词、曲、赋、戏曲这样的中国传统韵文翻译成英文、法文。正是在韵文翻译领域，他广泛实践了自己追求“真”与“美”结合的翻译理论。例如，李白名诗《静夜思》的翻译，他没有直译“床前明月光”，而是译成“before my bed a pool of light（我的床前一池光）”，借用pool（池塘）的意象，勾勒出西方人熟悉的场景。我喜爱收藏签名题跋的图书。许渊冲在他新近出版的法译本《诗经》扉页给我写下了《诗经·采薇》中的名句“昔我往矣，杨柳依依。今我来思，雨雪霏霏”。其中，他没有把“依依”简单地翻译成柳枝摇摆的动作，而是采用“saule en pleurs（杨柳哭泣）”表达出依依不舍流下眼泪的意象；他没有把“霏霏”简单翻译成雨雪飞扬的情景，而是采用“La neige en fleurs（雪如花）”表达出“千树万树梨花开”的壮美意象。当有人批评他不忠实于原文时，他强调，忠实并不等于形似，更重要的是神似。

我欣赏许渊冲的翻译理论，更加赞赏许先生在向世界介绍中华传统优秀文化方面做出的卓越贡献。几年前，我的一位朋友费滨海先生，约请上海等地的一批知名画家，分别以唐诗宋词意境，一诗一画、一词一画，绘制了一批精美的国画，结集出版，书名《画说唐诗》《画说宋词》。经我推荐，国家汉语国际推广领导小组办公室、孔子学院总部决定将这两本书作为推荐教材，向世界各地学习汉语的孔子学院学生介绍我国优秀的唐诗宋词文化。但孔子学院提出要配上许渊冲的英译稿。后来，我曾将《画说唐诗》赠给来华访问的美国著名智囊人物、前总统国家安全事务助理布热津斯基。他当着我的面翻到贺知章的《回乡偶书》，读完许渊冲的英语译文后当即赞赏说："很有诗歌的韵味。"

值得注意的是，许渊冲的译著大都出版于他60岁以后。我认为，这既是许渊冲先生厚积薄发的结果，也离不开中国在伟大复兴的征途中文化自信不断增强、优秀文化不断走出去的大背景。习近平总书记指出："坚定中国特色社会主义道路自信、理论自信、制度自信，说到底是要坚定文化自信，文化自信是更基本、更深沉、更持久的力量。"从许渊冲身上，我们恰恰可以看到中国的优秀传统文化以开放自信的姿态不断走向世界、被越来越多的世界各国人民所喜爱和传诵的光辉前景。

因此，我为许渊冲老先生点赞，既是为这位老同乡、老师长、老前辈点赞，更是为中华优秀传统文化走出去点赞。

（原载于2017年3月16日《人民日报》第24版）

第四辑

海外篇

和平的梦想

提到和平的颜色，人们往往会立刻想到绿色，想到橄榄树叶子的油油绿色。绿色象征着生机与希望，象征着万物复苏、大地春回。心理学家认为，绿色能够使人们的心灵变得宁静。

但是，提到中东的和平，我想到的第一个颜色却是动荡而激烈的红色。在中东，和平是浴火的凤凰，一次次的战争和冲突，使那团火始终熊熊燃烧，难以止熄。究竟什么时候这只苦难的凤凰才能够涅槃重生？

这团无情的烈火，烧毁了几代人的青春与希望。拉宾（Yitzhak Rabin）和阿拉法特（Yasser Arafat）都是为了和平的梦想而最终走到了生命的尽头。

1995年3月21日，我有幸访问耶路撒冷，我带着一本新出版不久的《拉宾回忆录》（以色列Steimatzky出版社，1994年第二版）来到拉宾的办公室。这是一间很小的办公室，除了拉宾的办公桌椅，门侧面还有一圈沙发，供来访者围坐聚谈。

拉宾礼貌而客气地把我让到沙发上坐下。我首先对拉宾表示祝贺，因为1994年的10月14日，他刚刚和阿拉法特、佩雷斯（Shimon Peres）一道，获得了诺贝尔和平奖。拉宾对我的祝贺表示感谢，他说：

“我真希望有生之年，能够看到和平的降临。可是，你们知道，对于中东而言，和平是那么珍贵……”

“正因为珍贵，我们才更加钦佩您和阿拉法特推动中东和平进程的勇气和决心。现在，全世界都高兴地看到了希望。”

“希望是希望，可还不是现实。要知道，珍贵的东西往往也很难得。”

拉宾说着，向我们摊了摊手。从他深邃的眼眸中，似乎能看到一丝隐隐的忧虑。

接着，我对拉宾说，李登辉正在谋求访问以色列。拉宾表示，他已经注意到了李登辉的这个意向，但他绝不会允许。“在台湾问题上，我们的立场很明确，中华人民共和国政府是中国唯一合法政府，台湾是中国的一个组成部分，”拉宾说，“以色列宁可在经济上受到损失，也不会同意李登辉来访。”

告辞时，拉宾爽快地在《拉宾回忆录》上签了名。这本书最早印发于 1979 年，1994 年再版。此时正值巴以和谈取得重要进展，所以再版时正文前面增加了两篇重要的文章，一篇是《在和平的道路上》，另一篇是 1993 年 9 月 13 日拉宾在华盛顿的发言，那一次，他和阿拉法特就杰里科及加沙地带的自治问题签署了原则宣言，中东和平进程由此迈出了重要一步。

然而就在我和拉宾会晤几个月后，传来了令人难以置信的噩耗：1995 年 11 月 4 日夜，拉宾在参加特拉维夫一个10万人的和平集会后遭到一名犹太青年的刺杀，经抢救无效身亡，终年73岁。拉宾的鲜血溅满了装在他衣兜里的《和平之歌》。在他遇刺前不久，他还在和人们一齐歌唱这首期盼和平的歌曲：

“让太阳升起，让清晨充满光明……请唱一首和平之歌吧，不要小声祈求神灵。”

本来已经绽露曙光的中东和平进程，由于这抹残酷的血腥，一下子变得黯淡无光……

与拉宾一起推动中东和平进程的，是巴勒斯坦解放组织领导人阿拉法特。他是个乐观、开朗、精力充沛的政治家，裹在阿拉伯传统风格方巾里的脸庞总是精神奕奕。由于他的重要影响，其肖像几乎成了巴勒斯坦民族解放运动的象征。

然而到2002年年初，出现在电视镜头里的阿拉法特明显衰老了，眼眶充血，胡须花白。在动荡不安的一生中，阿拉法特曾经面临无数险境、绝境，但他都能化险为夷，人们甚至亲切地称他是“不死鸟”。但这一次，人们都开始担心，他是否还能够再次振翅高飞。

从2000年9月开始，巴以之间掀起了新一轮冲突。2001年12月3日，以色列军队开进拉马拉，用装甲车和坦克车将阿拉法特“软禁”在官邸内，并一度切断水电供应。为安全起见，阿拉法特只好转移到密不透风的地下室办公。阿拉法特，作为巴勒斯坦总统，就这样失去了行动自由。

以色列的行动遭到了国际社会的一致批评，国际各界也积极展开了斡旋行动，以缓解巴以局势，促成阿拉法特早日恢复自由。2002年1月21日，我国驻巴勒斯坦办事处主任吴久洪奉命看望阿拉法特。吴久洪此行还做了一件事，请阿拉法特在一本书上为我签了名。

这本书名叫《巴勒斯坦问题：亚西尔·阿拉法特访谈录》（法国Fayard出版社，1991年），是法国著名中东问题专家纳迪娅·本杰卢恩－奥利维耶在对阿拉法特多次访谈后撰写的。关于这本书的来历，还有一段曲折——

阿拉法特的书很难买。我找了许多家书店，最终在国家图书馆找到了这本书。当时国家图书馆共存有

4本，经协商，他们同意卖给我一本。为了证明我没有因为个人的爱好而侵占公共图书馆的藏书，我还请国家图书馆为我开具了发票，金额是45元，时间是2001年10月31日——正好是这一轮巴以冲突逼近高潮之时。买下这本书后，我立即把它转交给当时外交部分管中东事务的副部长杨文昌，请他在方便的时候请阿拉法特签名。杨文昌把这件事托付给了吴久洪。

2002年1月23日——与阿拉法特会晤之后的第二天，吴久洪在给我的便笺上写道：

"这是阿拉法特主席在拉马拉会见我时放在膝盖上用阿拉伯文和英文题词签名的。"

此后几个月里，以色列宣布将阿拉法特视为"敌人"，决定对他"绝对孤立"，对话的大门彻底关闭了。随后以色列又要求阿拉法特流亡国外。但阿拉法特说，宁可当烈士，也绝不流亡。直到2004年10月29日，阿拉法特才因病重不得不到巴黎就医。11月11日，他在巴黎逝世，享年75岁。

去世前不久，2004年10月2日，阿拉法特在拉马拉会见了中国驻巴勒斯坦办事处主任宫小生，这是他生前见到的最后一个中国人。此次会见中，阿拉法特在一张精美的照片上签了名。宫小生回国后，将这份珍贵的礼物赠送给了我。

阿拉法特的一生都奉献给了巴勒斯坦民族解放事业，遗憾的是，他最终没能看到国家诞生的那一天。而多灾多难的中东，至今仍然艰难跋涉在和平的道路上。但愿有那么一天，洁白的和平鸽能够口衔绿色橄榄枝，自由而安全地在以色列和巴勒斯坦的天空中穿梭飞翔……

（原载于2008年1月18日《新民晚报》B8版）

萨马兰奇的“五环”

春天来了，2008年北京奥运会的脚步声越来越近了，5年前我喜获萨马兰奇先生签名书的一幕又不时地浮现在眼前。

那是2003年7月8日，在北京申奥成功两周年前夕，一本新书的首发式在人民大会堂隆重举行。我原本另外有会，特意请假赶来，以躬逢其盛。首发式的主角就是新书《奥林匹克回忆》及其作者——83岁高龄的国际奥委会原主席胡安·安东尼奥·萨马兰奇。

首发式隆重而热烈。中国奥委会名誉主席何振梁、中国人民对外友好协会会长陈昊苏等到会并分别发表了热情洋溢的讲话。陈昊苏的讲话尤其令我印象深刻，因为他用奥运会的五环标记，概括了萨马兰奇的重要影响：第一环是奥运领袖，第二环是国家英雄，第三环是欧洲伟人，第四环是友好使者，第五环是和平之神。

在众人发言的过程中，萨马兰奇一直静静地听着。最后，他也发表了讲话。他说：《奥林匹克回忆》是他担任国际奥委会主席 21 年的写照。在这 21 年中，国际奥委会进行了革新，才得以享有今天在世界上的声誉。

萨马兰奇还表达了他在上任之初就承认中国奥委会，并在 1984 年洛杉矶奥运会上看到中国运动员身影的“难以忘怀”的感情。萨马兰奇提出建议：“要让奥运会圆满成功，不仅要组织完美，而且需要你们的运动队夺得历史最佳成绩。”

萨马兰奇的讲话简明扼要，翻译成中文后仅有 300 字左右，很好地体现了他务实并讲求效率的特点。

整个发布会秩序井然。作为主办方的领导，陈昊苏专门强调，为避免混乱，不安排作者签名，但我还是得到了萨马兰奇的签名，因为我恰好坐在萨马兰奇旁边。我把手中的《奥林匹克回忆》递给他，他翻开书页，潇洒流畅地写下了自己的名字。现场的记者没有错过这个珍贵的时刻，后来，北京电视台播放的新闻中就出现了萨马兰奇为我签名的场景。有趣的是，萨马兰奇的名字没有签在扉页上，也没有签在他的照片下——萨马兰奇的签名已经印刷在那儿了，而是签在了西班牙国王卡洛斯（Juan Carlos）的致辞页上了。在致辞中，卡洛斯国王写道："在他身上完美地体现了奥林匹克大家庭最人道的基本价值，以及促进和平和各国人民间相互理解的精神。他永远是我们的榜样。"

首发式举行的当天晚上，萨马兰奇就乘机返回了西班牙。

《奥林匹克回忆》是萨马兰奇退休后开始撰写的，书中详细讲述了他自1980年当选国际奥委会主席后推进奥委会改革，以及连续主持十届奥运会的经过。从这本书中可以看出，奥运会是如何在政治上遭受抵制、经济上困难重重的情形下，发展成为世界众所周知的最大体育盛事的过程。

细细翻阅这本书，还可以看到中国体育事业发展壮大的历程。例如，在1984年洛杉矶奥运会的日记中，萨马兰奇提到了他为许海峰颁奖一事，并称这是“中国人在奥运会历史上赢得的第一枚金牌”。在1992年巴塞罗那奥运会期间，萨马兰奇专程观看了邓亚萍的比赛，并在日记中写道：“我很喜欢这位女子冠军的风采。我们打算为她提供奖学金，帮助其去英国学习语言。”4年后，亚特兰大奥运会期间，萨马兰奇又看了邓亚萍和陈静的乒乓球决赛，“我为她颁了奖，然后到运动员休息室祝贺她赢得了比赛并且邀请她到洛桑待几天，我们可以在那里举办一次表演赛”。萨马兰奇与邓亚萍的忘年之谊，成为中国体育运动史上的一段佳话。在提到北京获得2008年奥运会举办权时，萨马兰奇说：“这是一个最公正的结果。”

萨马兰奇一生酷爱集邮。为配合《奥林匹克回忆》的出版发行，北京市邮票公司还特意发行了一个纪念封，共发行1.5万枚。这使每一位购买第一版《奥林匹克回忆》的读者都能得到一枚这样的纪念封。据说这是国内首次将邮政纪念封与图书捆绑发行。这枚纪念封很漂亮，与萨马兰奇的书相映成辉，是很有意义的纪念品。

（原载于2008年2月19日《人民日报》第16版）

战略家的涂鸦之作

布热津斯基（Zbigniew Brzezinski）是中美关系中的重量级人物。他于1928年出生于波兰，父亲是外交官，幼年他随父母生活在国外，后移居美国并加入美国籍。1961年，布热津斯基出任肯尼迪总统的外交政策顾问，1977年出任卡特总统的国家安全事务助理。正是在此任上，布热津斯基访问了中国，对中美建交起到了重要的推动作用。布热津斯基是国际知名的国际关系、地缘战略专家，是美国最著名的智囊人物之一，他的著作《大棋局》《大抉择》《大失败》《大失控》等影响广泛，也都有中文译本。

多年来，我和布热津斯基一直保持着交往，虽各自服务于自己的国家，但却共同探讨过发展中美关系的各种可能性选择。2004年1月，我以中国国际战略学会会长的身份，邀请他访华。除了在北京的活动，我还陪着他驱车200多公里，访问了河北承德。在承德，他不但参观了著名的避暑山庄，还考察了当地的经济状况。他对我说："北京的发展很好，距离北京200多公里的承德，发展得也很好。这说明中国的发展是全面均衡的发展。俄罗斯不是这样。莫斯科很好，但离莫斯科200公里的地方，发展水平就与莫斯科相差很多。"2007年10月底，我再次以中国国际战略学会会长的身份，邀请79岁的布热津斯基偕夫人访华。除了与我国领导人会见，在战略学会演讲并座谈外，我还和夫人寿瑞莉陪同他们远赴河南、广西等地参观访问。由于这些交往，我得到了布热津斯基几乎所有重要著作的签名盖章本，但我没想到，这次河南之行，还使我最终收藏了一本非常特殊的布热津斯基涂鸦之书。

说起这个特殊的藏品不得不提到布热津斯基的夫人埃米莉（Emilie Benes Brzezinski）。埃米莉是一位现代主义的雕塑家，她最喜欢的雕塑材料是巨大的，拥有自然的扭曲与节疤的原木树干。2007 年 11 月 4 日晚上，时任河南省委书记的徐光春会见我们一行并设晚宴款待。席间，听说埃米莉是位雕塑家，时任郑州市委书记的王文超说，郑州新建中的郑东新区也规划了一处雕塑相对集中的景区。说着说着，就有了邀请埃米莉为郑东新区创作雕塑的想法，这个想法得到了在场人士的一致赞同。

在以后的日子里，埃米莉首先做的是一尊儿童雕塑，我们已经看到了照片，并且开始商量船运价格了。此时，埃米莉听说郑州为这尊雕塑设计的陈列地点在广场上，认真的她觉得广场太大，“身材”较小的儿童雕塑无法与之相配，于是决定换成她最拿手的巨型原木雕塑。不久后，这尊名为“森林斜纹”的雕塑就跨海越洋来到了中国，抵达了河南郑州。

2010年7月，得悉布热津斯基受邀访问蒙古，我便邀请他偕夫人顺访中国，到郑州出席“森林斜纹”的揭幕仪式。7月13日晚，我们夫妇陪同布热津斯基夫妇飞抵郑州。7月14日上午，“森林斜纹”在郑东新区CBD红白花公园揭幕，我和河南省及郑州市的一些领导出席了揭幕仪式。“森林斜纹”是一件现代主义的橡木雕塑，通过对树干的选材与加工，展现树木本身的美感与生长经历，并体现“为生命奋斗”的精神。在揭幕仪式上，埃米莉热情洋溢地讲述了这件雕塑的创作过程和寓意，现场气氛温馨热烈。

当天下午，我们就飞返北京。布热津斯基夫妇预订的航班是直接从首都机场转机返美的，于是我和夫人就在机场为他们送行。在机场贵宾厅，埃米莉将她签名的画页《家庭树》送给我们夫妇，作为回赠，我将《藏书·记事·忆人：印章专辑》赠送给他们夫妇。虽然不会中文，但布热津斯基当场就在我的解释之下很认真地翻阅了我的书。对于我能搜集到那么多重要的盖章书，他很惊奇。他说：“我也有一本很特别的图画书，对于我来说很有纪念意义，我回到美国后会寄给你。”

没过多久，一位从美国回来的朋友就带回了布热津斯基的“特殊的书”。书名是《书目与图画》，此书分为三个部分，第一部分是他的著作目录及相关版本，第二部分是他分析有关政治进程及国际事件的文章目录，第三部分是他撰写的有关外交政策行动的文章目录。每一部分均配有布热津斯基的黑白图画。这些图画均由简单的线条组成，虽然包括一些可以理解的图形，但整体上比较抽象，装饰性较强。如在《大失败》一书版本信息旁边配的图画，看起来像是一架正在飞行的宇宙飞船，但并没有明确画出机翼、机尾、驾驶舱等部件；在《大失控》一书旁边配的图画，看起来像是一张建筑草图，但除了两段楼梯台阶可以理解，其他线条似乎都没有什么逻辑联系。

在简短的序言中，布热津斯基谈到了这些图画，他说，这些不是图画，只是下意识地涂抹，应该称之为“涂鸦”，是他在开会、谈判等情况下，受到会场氛围、谈话主题等因素的影响，而下意识地画出来的，所以他也无法说清这些涂鸦的明确内涵，但有一点很明确，就是这些涂鸦有一种“平衡的感觉和内在的联系”。布热津斯基一共有258幅这样的涂鸦之作，书中刊登了34幅。

这本书的最特殊之处在于，它是纯粹手工的作品，使用手工制作的亚麻纸，由人工装订而成。亚麻纸手感粗糙，色泽是米黄的，边缘凹凸不齐，但给人一种原始的质朴感。书中的涂鸦、照片、文字都经过了做旧处理，很切合于亚麻纸的质感。整本书又用涂抹纸浆的亚麻布纸板包装，益发溢出朴素的艺术气质。这本书总共印了150册，均有布热津斯基的签名。赠送给我的这一册，编号为2。

在大量严谨的政治外交工作与学术活动之余，布热津斯基还有这些涂鸦之作，并且竟然用这种别致的方式印刷出来，分赠好友，这使我认识到了布热津斯基的另一面，也让我更加理解他与作为雕塑家的夫人在艺术上的契合。

（原载于2011年6月11日香港《文汇报》A29版）

第五辑

心得篇

藏书、读书与修养

主持人：傅光明（中国现代文学馆研究员）

主讲人：熊光楷（中国人民解放军原副总参谋长、教授）

主持人：大家好，今天我为大家请来了一位特别的主讲人。他是上将，是文学馆讲座有史以来军阶最高的主讲人；他是读书人，有儒将之谓；他是藏书家，尤其喜爱收藏签名盖章本。中国作家协会铁凝主席在为他的著作《藏书·记事·忆人》所写的序言里说："他收藏的签名书更是令人羡慕且‘嫉妒’。国内外名人，凡他喜爱的，必会想方设法索到签名盖章书。”他就是中国人民解放军原副总参谋长熊光楷上将，大家欢迎！熊将军也写书，用他自己的话说，叫“以文韬服务于武略”。但今天不是请将军讲他的本行，而是讲“藏书、读书与修养”。

主讲人：谢谢主持人对我的介绍。应该说，我到文学馆讲课是班门弄斧。我是有53年军龄的军人，不是作家协会的会员，我写的书《藏书·记事·忆人》，是一本闲书，不是文学作品，是讲我的心得体会。但我还是鼓起勇气来到这里讲课。因为现代文学馆的馆长陈建功同志一年前把我的《藏书·记事·忆人》这本书，作为文学馆的收藏之后，给了我证书，但是跟我约定，要我到文学馆来讲一课。今天我是来履行我的约定的。我想我还敢到这里讲课的原因呢，因为我不是一个舞刀弄枪的军人，说实话我排长没当过，连长也没当过；我只当过班长，还是学校里的班长，军校里的班长；但我当了上将。我一辈子是以文为武服务，我是搞外交工作的。但是我有一个业余爱好，就是收藏签名盖章书，我想，我收藏的签名盖章书，其含金量可能是中国第一甚至世界第一。将来越来越淡出政界军界以后，如果我去申请吉尼斯世界纪录，也有可能被选中。

我先简单介绍一下自己的收藏概貌。我现在收藏的签名盖章书快有3000本了。中华人民共和国的开国元勋毛、刘、周、朱、邓、陈，其中邓小平还是党的第二代领导集体的核心，他们的签名盖章书我都有。我有江泽民第一本著作的签名盖章书。胡锦涛在他的第一个单行本上的签名，我也有。中国的名人方面，孙中山、宋庆龄的盖章书我也有，这是一般人不太容易得到的。中国的著名作家中，鲁迅、巴金、老舍、曹禺，包括曹彭龄同志的父亲曹靖华，他们的签名盖章书我都有。外国名人方面，美国跟中国建交以来的七位总统，从尼克松到小布什的签名书我都有。至于奥巴马的签名书，我也已委托中国驻美大使周文重帮我解决。俄罗斯总统从叶利钦（Boris

Nikolayevich Yeltsin)算起，普京、梅德韦杰夫(Dmitry Medvedev)，这三个人的签名书我都有。英国的撒切尔（Margaret Hilda Thatcher）夫人、布莱尔（Tony Blair）到现在的布朗，签名书我都有。日本近年来的几乎历任首相，一直到现在的麻生首相的签名书，我也有。有一次，越南代表团到中国来，突然送给我一个包装好的纪念品，原来是盖了中文“胡志明印”的《胡志明选集》，他们说，这是他们第一次动用胡志明印章给外国人送礼。

现在大家都很关注金正日，我也有金正日签名的书，中国人可能只有这么一本，因为当时还有别人想让他签名，但都没成功。这是我们中国驻朝鲜的武官得到大使同意以后，在金正日到大使馆来做客的时候，敬他一杯酒，请他签了字。其他人再要上去签书，都没被允许。外国人还有一些特殊的签名盖章书，我也想方设法搞到了。我在马克思（Karl Marx）的故乡特里尔盖了马克思诞生地博物馆的纪念章，盖在《共产党宣言》上。恩格斯的书在伍珀塔尔——他的出生地纪念馆盖了章。利用这个办法，我搜集到了更加广泛的外国名人的签名盖章书。只要到他们的纪念馆、出生地，我总不会忘记收集他们的一本有价值的著作，再盖上他们的图章。比如说贝多芬（Ludwig van Beethoven），他生在波恩，我到波恩贝多芬纪念馆的时候，就找到一份贝多芬的乐谱，让纪念馆的工作人员盖上贝多芬纪念馆的图章。

我简单勾画一下我的收藏爱好的轮廓。我相信在座的各位都有这样的条件，现在作家的粉丝们喜欢到书店的首发式上，拿他们在书店买的书请作家签字，这是很时髦的。但是像我这样成套地、成系列地收集恐怕为数不多。我至今还没有看到另外一个人收藏的签名盖章书有我这样的质量，所以我想，我收藏的签名盖章书可能是中国第一乃至世界第一。所以我有这个底气来这里讲讲藏书、读书、看书和用书在修养方面的心得。

我还想再讲一点花絮。我年过 70 了，与其说是一个将军，不如说是一个教授。大家知道美国黑人将军鲍威尔（Colin Powell）写了一本书，叫《我的美国之旅》。因为他是牙买加的黑人，移民到美国去，后来当了美国的将军，也是上将，再后来当了国务卿。他写了这本书并送我一本。美国有一个《美国新闻与世界报道》的主编，叫朱克曼（Mortimer Zuckerman），是个犹太人。他也知道我的爱好，买了这本鲍威尔的《我的美国之旅》送给我，还在扉页上写了一段话：From a general who is in his heart a politician——这本书的作者是一个将军，但他的心灵深处实际上是一个政治家，因为鲍威尔后来从政当了美国国务卿；to a general who is in his heart a professor——现在把这本书送给一位将军，就是指我，熊光楷，这个人的心灵深处实际上是个教授。

今天我不怕在这里讲课，还有一个原因，就是我出生于教书匠家庭。我们家祖孙三代都是教书的，我的祖父、外祖父都是教书的；祖父在上海的一所大学教财经，这所大学现在应该叫上海财经大学；外祖父是清华学堂教国文的。我的父亲是上海交通大学教授。我的哥哥到现在还是清华大学的教授。我现在已经退出现役，不再是副总参谋长了，但我还兼了八九个大学的兼职教授，所以今天我就以熊光楷教授的身份来给大家汇报一下我藏书、读书的心得，特别是我在学术修养方面和品德修养方面的一些心得，供大家参考。

我想讲一讲阅读中国领导人书的收获心得。第一个，我讲一讲收藏毛泽东书的修养心得，特别是对毛泽东思想的灵魂“实事求是”这四个大字的理解。我收藏毛泽东的盖章书很不容易。这个印章现在韶山，现在在毛泽东遗物馆（过去叫“毛泽东同志纪念馆”），它是从中南海搬过去的遗物。1998年的时候，我到韶山去参观、访问，发现当时纪念馆的玻璃柜里有一方毛泽东的印章。我跟当时的湖南省省长杨正午同志讲：我有收藏盖章书的爱好，希望能在《毛泽东选集》上盖毛泽东的印章。杨正午同志就请有关人员帮忙办理一下。过了不到一周，毛泽东纪念馆的馆长、副馆长到北京来，带来了盖好毛泽东印章的《毛泽东选集》，同时附了一个条，证明这是国家一级文物，是中国金石篆刻的名家邓散木老先生66岁的时候刻的。这方印章的印钮是两条龙，石材是寿山石。后来我对印章的学识增加了，知道除了印面，还要注意印材、边款和印钮。这些大概是鉴定印章价值不可缺少的要素。因为毛泽东这方印章非常重要，只知道印面还远远不够，所以 2008 年我和夫人又专程到韶山去了一次。现在这方印章作为毛泽东遗物馆的镇馆之宝，已经用玻璃罩密封起来了。我还隔着玻璃把这方印章拍摄了下来。

我们这代人受影响最深的理论著作是毛泽东的书，应该说毛泽东思想也主要体现在毛泽东的著作里面，它的核心正如邓小平讲的，是“实事求是”。但“实事求是”的来源大家可能还不清楚。实际上，如果你到长沙看看岳麓书院，就会知道毛泽东当年在那里读书的时候，岳麓书院的一个匾上就写了“实事求是”四个大字。所以说，毛泽东年轻时，就有了这个印象，后来他把它用到著作中去，成了毛泽东思想的核心。毛泽东的伟大成绩就在于他坚持实事求是，毛泽东晚年的失误和错误也是因为他违背了实事求是的原则，但毛泽东功大于过。今天我们还要完整全面地学习毛泽东思想，用于我们今天的发展和建设。我们大家不应该丢掉毛泽东倡导的“实事求是”四个大字所体现的思想。

第二本书，我要讲到周恩来。因为长期从事外交工作，所以我不仅站在一名共产党员的角度上，而且站在一名从事外交工作的工作人员的角度上，来讲我对周恩来的特殊的感情。周恩来是我们第一代领导集体的主要成员，更是一个大写的人，他人格的魅力让我们中国乃至世界上的广大公众都有深刻的印象。《周恩来选集》上的盖章是我在天津周恩来邓颖超纪念馆，在天津市委宣传部的帮助下盖上的。因为周恩来没有子女，我曾经想通过他的亲属去找他的印章，但没有实现愿望。因为周恩来一切都交公了，没有自己私有的东西或者家属私藏的东西。如果大家想看他的东西，不妨到天津，天津的纪念馆里都有。

周恩来有许许多多值得我们学习的地方，以此激励我们做一个真正的人、真正的共产党员。我特别想说说周恩来在重庆红岩整风期间写的《我的修养要则》，收录在《周恩来选集》中，一共七条。我觉得对我们每一位在座的朋友来讲，读《我的修养要则》都有利于提高我们的修养。如第一条是：加紧学习，抓住中心，宁精勿杂，宁专勿多。今天在座的朋友都是喜欢读书、喜欢学习的，我想周恩来总结出来的第一条的十六个字很值得大家反复体验和实践。加紧学习，人生是很短暂的，要抓紧时间学习，学习要抓住中心，要宁精勿杂，宁专勿多。

第三本收藏的签名书是1994年，邓小平90岁生日时签名的《邓小平文选》（第三卷）。我得到这本签名书有特殊的原因，因为邓小平的女儿邓榕很早就着手准备写《我的父亲邓小平》了，她需要搜集邓小平在海外，特别是在法国这一段时间的资料。刚好有一段时间，我在军委、总参谋长的领导下分管我们驻外武官的工作，所以我就受邓小平女儿邓榕的委托，请我们驻法国的武官处到法国的档案馆、警察局搜集邓小平留下的资料，以及一些有意义的东西。结果就找到了邓小平勤工俭学的记录，当时驻法国的中国代表机构是要给他们发钱、发津贴费的，所以那里有记录。另外，警察局对他也有记录，警察局的一段记录就说，这个小个子非常活跃，要注意他。当然也记录到最后要抓他了，但邓小平已经得到了消息，提前坐火车东去莫斯科上学了。

邓小平也曾经问过邓榕，怎么搞到那么多他在法国的个人资料。邓榕告诉邓小平是我请驻外武官搜集来的。因为这些渊源，邓小平 90 岁生日时签了为数不多的《邓小平文选》（第三卷），我从邓榕那里得到了一本。大家从签字的笔锋中可以看到，确实像毛泽东所讲的，邓小平是“柔中有刚，绵里藏针”，也即是刚柔相济、外柔内刚的人。

《邓小平文选》（第三卷）里有一段内容很精彩，就是他跟撒切尔夫人的谈话：主权问题不是一个可以讨论的问题。撒切尔还想讨价还价。但邓小平表示，主权是一定要归还的，至于归还的过程，大家还可以讨论。

结果撒切尔这位铁娘子给震住了，她从人民大会堂出来时在台阶上崴了一下脚。大家都知道有这么段故事。大家可以从《邓小平文选》（第三卷）上看到这段话。我们从事外交工作的人要注意学习邓小平的外柔内刚，绵里藏针。外交是要讲柔性的，但原则性是不能丢掉的，其他工作也需要把原则性和灵活性高度结合，我想邓小平是这个方面的典范。

下面谈谈阅读外国名人书的心得。

首先讲美国总统的书与中美关系。从打开中美关系大门的尼克松（Richard Milhous Nixon）到小布什（George W. Bush）一共是七位总统，他们的签名书我都有。而且有一张尼克松签名的名片。仔细一看，它和书的签名不完全一样。搞收藏的人是要注意辨别真伪的，如果只有一个签名，我可能不怀疑，但两个同时拿来，我就疑神疑鬼了，很难想象两个都是真的。我以前陪斯考克罗夫特（Brent Scowcroft）将军到黄帝陵去参观，顺便拿出了我的收藏请他鉴定。他当过美国空军中将，还当过国家安全助理。在 1972 年尼克松到中国的时候，他是尼克松的军事助理，对尼克松的笔迹应该是很熟悉的，所以我让他鉴定一下，最后他说，两个签名都是真的，名片上是亲笔签的，书上签名帖上的是电子笔签名。

尼克松的书上的签名帖就像书票一样。我现在出书也受到了这本书的启发，因为我是上将不能到书店里去签名，但我也希望我的书有更多读者能买去看，所以我也搞了一个签名帖，一次签上几百个，交给书店，谁买我的书就把这个贴上，就等于我在书店里签字了。我的签名帖上有印章。外国人没有印章，他们的签名是电子笔的，不能伪造的。

我还想谈谈美国总统签名书对研究中美关系的重要性。小布什在竞选期间出版了一本叫《勇往直前》的书，李肇星同志曾请他签名后送给了我一本，我研究了他的书。

小布什年轻时是花花公子，牛仔作风非常明显，40 岁以后戒掉了这些坏习惯，开始从政了。是什么促使他转变的呢？除了家族的希望，牧师跟他讲道也是一大原因。在书里他写道，人的生命中有一些将永远改变你的时刻。他的那些值得回忆的时刻包括聆听牧师的一次讲道，这次讲道紧紧抓住他，并改变了他的生活。这次讲道的大意是，要求人们最大限度地利用每一寸光阴。他认为他已荒废了40年的光阴，以后每一寸光阴都要最大限度地利用，抛弃保留，甩掉谨慎，起来直面挑战。

小布什是一个上台就跌跌撞撞的人，“撞机事件”中，和我们干了一架，我们进行了有理有据的斗争。放回人员的条件是，美国大使代表美国政府给我们写了一封信，信中写了“诚挚地遗憾”，同时写了两个VERY SORRY，“非常抱歉”。飞机呢？不能让它飞回去，最后让它大卸八块，装在美国租来的俄罗斯飞机里运回去。这以后，咄咄逼人的小布什开始访问中国。所以小布什是抛弃保留，甩掉谨慎，起来直面挑战的人。对于此，不斗是不行的。斗，让他知道中国人不是好惹的，但我们也是讲道理的。这本书里有一幅画，小布什骑着一匹马，攀登很高的山峰。后来他表现出来的单边主义，发动阿富汗战争、伊拉克战争，到处拳打脚踢。从信仰角度讲，他认为这是天命，牧师布道时说，你要担当重任，所以他的书名叫 *A Charge To Keep*，这个 Charge 在宗教里头讲，有上天赋予使命的意思，保持对这个使命的信守，可以翻译成“信守使命”。还可以翻译成“勇往直前”，这是比较符合他的精神状态。

现在要研究新政府的政策，我想看书也很重要。现在新政府的一个重要智囊名叫布热津斯基，我曾陪着他们夫妇在中国参观，他送给我一本书，叫《第二次机遇》。这本书是他为奥巴马竞选写的，从中我们可以看到奥巴马以后可能出现的政治动向。在这本书里，布热津斯基对老布什（George H. W. Bush）总统、克林顿总统、小布什总统打了分。给老布什总统打的分是 B，良好；给克林顿打的是 C，及格；给小布什总统打的是 F，失败，就是不及格。他认为这三位总统把苏联解体以后的第一次机遇丢掉了，所以他的书名叫《第二次机遇》，希望美国新的总统要改变过去三位总统的做法，仍然要保持美国的领导地位，但是做法要更加务实，要有所改变。从书中我们可以看得到，奥巴马政府的政策和做法，会在总结经验教训的基础上有所改变，但他的宗旨是不会变的，美国要领导世界这个战略目标并没变。

（原载于2010年1月1日、8日、15日《北京晚报》副刊之《五色土》）

藏书是为了读书，读书是为了用书

2010年9月18日，“岭南大讲坛·文化论坛”迎来了一位特殊的演讲嘉宾——熊光楷上将。他是中国人民解放军总参部原副总参谋长；他是学者——国防大学的教授；他是收藏家——收藏了3000多册国内外名人巨匠签字或盖章的书；同时，他也是作家，出版了多本著作，其中有研究国际战略与军事变革的，也有研究国际形势与安全战略的。论坛上，熊光楷和大家分享了自己学习阅读中国领导人、中国名人、外国名人的书的心得。

阅读中国领导人著作心得：加紧学习，抓住中心

我大概有3000多册中国领导人、中国名人、外国名人签名盖章的书，包括毛泽东、周恩来、江泽民、胡锦涛、奥巴马（Barak Hussein Obama）、普京（Vladimir Putin）、霍金等中外领袖和名人的。我自以为不仅是中国第一，如果将来有机会的话，我准备申请世界吉尼斯纪录。

首先，我要讲讲盖毛泽东章的书是怎么得到的。我在1959年参加国庆十周年的活动时，近距离地见到了毛泽东。但是他在世的时候我还没有这个爱好，也没有机会得到他的签名盖章书。

1998年4月份，我陪同迟浩田同志到湖南韶山去参观，韶山当时有一个毛泽东的纪念馆，现在叫“毛泽东遗物馆”，我在那里突然发现一个玻璃柜里有一个毛泽东的印章，是20世纪50年代中国最有名的金

石篆刻家邓散木先生给他刻的。我让秘书买了一本毛泽东的书，然后跟当时的湖南省省长杨正午同志讲，希望他跟纪念馆的馆长讲一下，什么时候打开这个玻璃柜擦灰尘的时候顺便给我盖一个章。应该说我是一个法盲，杨正午同志也是法盲，因为这个印章是国家一级保护文物，是不能随便动的。当然，我们都不是明知故犯。一个礼拜后，馆长和副馆长到北京来，顺便就把盖好毛泽东印章的书给我带来了，而且附上了一封信，证明这是国家一级保护文物。

中国领导人的书中，不能不找的是周恩来的签名盖章书。我半个多世纪以来都在从事外交工作，跟周恩来同志有多次见面的机会。但是，我过去并没有这种收藏的兴趣，也没有这种可能叫他签名和盖章。在他去世以后，受到周恩来人格魅力的感染，我觉得不能没有周恩来的签名盖章书。我到处想办法，找过周恩来的亲属；周恩来没有孩子，有一个侄子周尔均，是国防大学的少将，周尔均的夫人是中央电视台最早搞春晚的导演邓在军。可是他们说，周恩来没有留下任何东西给亲属，都交公了。我后来了解到周恩来的遗物都转移到了天津周恩来纪念馆，就通过天津的党委部门请他们帮助，在那里我得到了盖周恩来章的书。周恩来可以说是一个大写的人，今天我特别推荐大家去看看周恩来在1943年亲笔写的《我的修养要则》，他一共写了七条，第一条是：加紧学习，抓住中心，宁精勿杂，宁专勿多。我想这个心得对于在座爱读书的人是很重要的。

阅读中国名人著作的心得：人生的坐标定得高一点，名利的坐标定得低一点

季羡林同志现在已经去世了，在1997年的时候我在一些外交场合能够见到他，因为他在德国留学，跟我有一点缘分；他在德国待过10年，我在德国待过12年，有时候我们可以用德语交流。

我看了季羡林的书，受到很多的启发。我们文化论坛的主题是“重建中国价值，回归高尚生活”，我觉

得他有一段话很有教育意义，就是我们怎么看待人生的重点，怎么树立自己的人生坐标和名利坐标。

季羡林90岁的时候，有人问他，你对死怎么看？他说：我已年届耄耋，但是专就北京大学而论，倚老卖老我还没有资格。在教授中，按年龄排队，我恐怕还要排到二十多位以后。我眼前有一个按年龄排序的向八宝山进军的北大教授队伍，我后面的人当然很多，但是向前看我还算不上排头，所以我心里颇得安慰，并不着急。对人生终点不要着急，还有好多人活得好好的。年龄大的还在前面，你有得活头。即使有病，你也看得到有很多有病的人比你活得还长，还轮不到你，你就高高兴兴地活好每一天。把人生的坐标定得高一点，相应之下名利的坐标定得低一点。把名利坐标定高了你永远不高兴，无论你是当科员、部长，上面还有更高的位置。如果比工资待遇，也有很多同学、同事比你拿的钱多得多。把名利坐标尽量定得低一点，知足者常乐，永远会高兴。

阅读外国名人著作的心得：读书有利于办外交

古巴领导人菲德尔·卡斯特罗（Fidel Castro）签名的书是1999年我陪迟浩田部长访问古巴的时候拿到的。他弟弟劳尔·卡斯特罗（Raúl Castro）在我们去的时候是国防部长，当时我希望得到他哥哥的签名书。劳尔·卡斯特罗答应了我们的要求，但他说我给你们做一点准备。他们兄弟两个不是人们想象的那样只要拍拍肩膀，叫声哥，就能签名的，公私分得很清楚。当时菲德尔·卡斯特罗请我们吃饭的时候，他弟弟突然想出了一个主意，对他哥哥说，昨天哈瓦那举行了雪茄烟的销售会，你签名的雪茄烟一共四盒，每盒卖25万美元，一共是100万美金。这样就说明他的签名值钱，他哥哥就很高兴。这个时候他弟弟就说出来了，中国代表团希望你在你的书上签名，他就很高兴，因为他的签名很有价值，结果我们在座的每个人都得到了他的签名，他还和我们照了相，我的这个签名就是在这样的情况下得到的。

读书是有利于办外交的，比如说读普希金（Alexander Pushkin）的书。1999年，普希金200周年诞辰的时候，我到俄罗斯去访问。11年前，俄罗斯还处在困惑的境地，因为我修过俄文，读过普希金的书，也有普希金纪念馆盖章的书，当时就用俄文朗诵了《假如生活欺骗了你》，朗诵之后我们的关系就拉近了。他们觉得中国人对俄罗斯人非常了解，叫他们不要悲伤，不要心急，忧虑的日子将会过去，相信吧，快乐即将来临。所以他们认为中国人希望俄罗斯好，并没有幸灾乐祸，文学拉近了我跟俄罗斯的距离，更有利于我开展外交工作。

（原载于2010年9月26日《南方日报》第12版）

副刊

精品栏目荟萃

《副刊面面观》（李辉　编）

《心香一瓣》（虞金星　编）

《纽约客闲话精选集　一》（刘倩　编）

《多味斋》（周舒艺　编）

《文艺地图之一城风月向来人》（孙小宁　编）

《书评面面观》（李辉　编）

《上海的时光容器》（伍斌　编）

《谈艺录》（刘炜茗　编）

《问学录》（刘炜茗　编）

《名人之后》（沈秀红　编）

《纽约客闲话精选集　二》（刘倩　编）

《编辑丛谈》（董小酷　编）

《本命年笔谈》（严建平　编）

《国宝华光》（徐红梅　吴艳丽　编）

《半日闲谭》（董宏君　编）

《云泥鸿爪一枝痕》（王勉　编）

个人作品精选

《踏歌行》（陈娉舒）

《家园与乡愁》（李汉荣）

《我画文人肖像》（罗雪村）

《茶事一年间》（何频）

《好在共一城风雨》（胡洪侠）

《从第一槌开始》（剑武）

《碰上的缘分》（王渝）

《抓在手里的阳光》（刘荒田）

《阿 Q 正传》（鲁迅）

《风吹书香》（冻凤秋）

《书犹如此》（姚峥华）

《泥手赠来》（黄德海）

《住在凉山上》（何万敏）

《老解观象》（解玺璋）

《犄角旮旯天津卫》（林希）

《歌剧幕后的故事》（薛维）

《色香味居梦影录》（姜威）

《走读生》（李福莹）

《回家》（朱永新）

《武艺十八般》（萧乾）

《一味斋书话》（熊光楷）

《收藏是一种记忆》（剑武）